教育大数据视域下的智慧校园建设与应用研究

刘晓洪　翁代云　张　艳　著

北　京
冶金工业出版社
2023

内 容 提 要

本书对我国"数字化校园"建设的高级阶段即"智慧校园"建设与应用进行研究，主要从教育信息化与教育大数据、教育大数据与智慧校园之间的内在联系出发，重点突出教育大数据在智慧校园建设中的地位和作用，主要从智慧校园建设的目标、建设思路、建设原则、建设总体架构、建设主要内容及应用等方面进行探讨。

本书可作为教育信息化科普读物，也可作为各级各类学校教育信息化建设人员、计算机类师生的参考书。

图书在版编目(CIP)数据

教育大数据视域下的智慧校园建设与应用研究／刘晓洪，翁代云，张艳著．—北京：冶金工业出版社，2019.12(2023.8 重印)
ISBN 978-7-5024-8411-8

Ⅰ.①教…　Ⅱ.①刘…　②翁…　③张…　Ⅲ.①智能技术—应用—学校管理—研究　Ⅳ.①G47-39

中国版本图书馆 CIP 数据核字（2020）第 025641 号

教育大数据视域下的智慧校园建设与应用研究

出版发行　冶金工业出版社　**电　话**　(010)64027926
地　址　北京市东城区嵩祝院北巷 39 号　**邮　编**　100009
网　址　www.mip1953.com　**电子信箱**　service@mip1953.com

责任编辑　夏小雪　美术编辑　吕欣童　版式设计　孙跃红
责任校对　郑　娟　责任印制　禹　蕊
北京虎彩文化传播有限公司印刷
2019 年 12 月第 1 版，2023 年 8 月第 2 次印刷
880mm×1230mm　1/32；3.25 印张；94 千字；93 页
定价 39.00 元

投稿电话　(010)64027932　投稿信箱　tougao@cnmip.com.cn
营销中心电话　(010)64044283
冶金工业出版社天猫旗舰店　yjgycbs.tmall.com
(本书如有印装质量问题，本社营销中心负责退换)

前　言

2001年，教育部发起数字化校园建设项目，各学校积极响应，大力发展学校信息化基础设施建设和数字资源建设，从此我国教育信息化发展进入快车道。随着数字化校园的深入发展与应用，大多数学校信息化基础设施建设取得了巨大成效，随着信息化基础设施建设的不断完善，教育信息化必然会朝着深度广泛应用的方向发展，发展过程中也必将促进新一代IT技术、互联网技术在教育领域中的广泛应用。简单的基础设施建设或信息管理系统建设已不能满足各学校在信息化建设与应用方面的需求。开发利用学校积累的海量数据、实时展示师生和学校现实状况、为学校各级用户提供实时可靠的查询数据、为用户提供个性化、智能化服务、为各层级管理者提供科学的决策数据、实现校园智能化管理等是现阶段各学校在信息化建设方面的新需求。

智慧校园建设是对现有数字化校园建设的升级，是新一代的教育信息化，也必将成为未来教育信息化的基础。通过对智慧校园建设与应用的研究，有助于对智慧教育领域的研究与建设积累经验并提供参考与借鉴；通过对智慧校园的系列研究和实践，在教育信息化走向更高级的智慧教育转变的时代背景下，认真梳理数字化校园建设阶段的研究成果，厘清智慧教育研究发展现状，反思智慧校园建设过程中的创新实践效果，对于学校智慧校园发展具有现实指导意义。

本书比较全面地分析了我国教育信息化由数字化校园到智慧校园的升级转变，重点分析了大数据驱动数字校园向智慧校园的发展过程，与同类书比较，提供了一个完整的智慧校园建设与应用方案，更具有参考性和实用性的特点。

本书由重庆城市管理职业学院长期从事教育信息化教育教学的刘晓洪、翁代云、张艳撰写，在撰写过程中，得到了学校信息中心、大数据与信息产业学院老师们的大力支持与帮助，在此向他们表示衷心的感谢。本书也得到了重庆城市管理职业学院科研创新团队（大数据分析与应用科研创新团队 KYTD201709）的资金资助。

由于作者水平有限，书中难免存在疏漏和不足之处，敬请各位专家和读者予以批评指正。

作　者

2019 年 12 月

目　录

1 绪 论

1.1 智慧校园发展背景

1998 年 1 月，时任美国副总统戈尔提出“数字地球”的概念，1999 年 11 月 29 日至 12 月 2 日，首届数字地球国际会议在中国北京召开，会议交流探讨了“数字地球”相关的理论技术与应用等方面的认识和经验，发表了“数字地球北京宣言”，从此，数字地球建设在全球范围内迅速发展。

2008 年 11 月，美国 IBM 公司提出“智慧地球”的概念，2009 年 1 月，时任美国总统奥巴马公开肯定了 IMB 公司提出的“智慧地球”构想；同年 8 月，IBM 公司发布《智慧地球赢在中国》计划书，正式揭开 IMB“智慧地球”中国战略序幕。随着“智慧地球”概念的提出，这种构想被世界各国高度关注，同时也促进了新一代 IT 技术、互联网技术如大数据、云计算、物联网、人工智能、虚拟化等技术在各行各业中的广泛应用。

2010 年，美国 IBM 公司又正式提出“智慧城市”构想，希望为世界各国城市发展贡献力量。此时，国内一些企业在“智慧地球”“智慧城市”的启发下，也提出相关智慧城市架构体系，具有代表性的如江苏集群智慧城市 5 大核心平台体系，该智慧平台体系已在智慧徐州、智慧丰县、智慧克拉玛依等智慧城市项目中得到应用。

2009 年 8 月，温家宝同志在无锡视察中科院无线传感网工程中心时提出“感知中国”概念；2010 年，浙江大学在其信息化“十二五”规划中提出“智慧校园”理念，指出：“无处不在的网络学习、融合创新的网络科研、透明高效的校务治理、丰富多彩的校园文化、方便周到的校园生活。简而言之，就是要做一个安全、稳定、环保、节能的校园”；2012 年 11 月 15 日，教育部下发《关于公布第一批教育信息化试点单位的通知》，指出：“本科院校试点强调侧重信息技术创新人才培养模式、智慧校园建设机制、信息化条件下教育教学模式改革等方面进行探索”；2012 年，国家公布了 90 个首批国家智慧城市试点名单，这加速了我们智慧城市建设步伐，也促进了大量新技术的研发与应用，也推动了各行业向智慧化方向发展，也成就了“智慧化”产业链新兴市场快速发展；2014 年 12 月 1 日至 3 日，中国教育学会举办了“2014 年中国国际智慧教育展览会”，“智慧校园”“智慧教室”“智慧教育”等成为热门话题，各地纷纷出台智慧教育的文件和规定，建立智慧教育的研究机构，实施智慧教育专门人才培养。2018 年 6 月 7 日，国家标准《智慧校园总体框架》（GBT 36342—2018）发布，这都促进了教育信息化向更高级阶段和新的形态发展，即由“数字化校园”向“智慧校园”发展。

1.2　智慧校园发展状况

1998 年 12 月 24 日，教育部印发《面向 21 世纪教育振兴行动计划》，文中指出：“实施现代远程教育工程，形成开放式教育网络，构建终身学习体系。”1999 年 6 月 13 日，中共中央、国务院印发《关于深化教育改革全面推进素质教育的决定》，文中指出：“大力提高教育技术手段的现代化水平和教育信息化程度。”这明确了教育技术和教育信息化的地位，促进了我国现代远程教育的快速发展。2001年教育部发起数字化校园建设项目，各学校积极响应，大力发展学校信息化基础设施建设，从此我国教育信息化发展进入快车道。随着数字化校园建设项目的实施，大多数学校信息化基础设施建设取得了巨大成效，随着基础设施建设的不断完善，教育信息化必然会朝着深度广泛应用的方向发展。

2018年4月13日，教育部印发《教育信息化2.0行动计划》的通知，文中指出："通过实施教育信息化2.0行动计划，到2022年基本实现'三全两高一大'的发展目标，即教学应用覆盖全体教师、学习应用覆盖全体适龄学生、数字校园建设覆盖全体学校，信息化应用水平和师生信息素养普遍提高，建成'互联网+教育'大平台，推动从教育专用资源向教育大资源转变、从提升师生信息技术应用能力向全面提升其信息素养转变、从融合应用向创新发展转变，努力构建'互联网+'条件下的人才培养新模式、发展基于互联网的教育服务新模式、探索信息时代教育治理新模式。"《教育信息化2.0行动计划》的发布具有划时代意义，标志着我国教育信息化进入了新阶段。

目前，教育信息化正朝着融合创新的方向发展，在这创新发展的阶段，校园信息化建设与应用越来越要求技术以智慧性方式推进教育变革，实现教育创新，智慧教育成为信息化教育应用的一个新模式。教育信息化中的"智慧教育"最早是受"智慧地球"理念启发，从智慧地球思想掀起的"智慧革命"浪潮中延伸而来。从文献资料看，目前智慧教育备受重视，世界范围内教育信息化已步入智慧教育建设与发展的新阶段。

我国学者靖国平从教育视角提出广义智慧教育，他认为："智慧教育是一种更为全面、丰富、多元、综合的智慧教育，它主要包含理性（求知求真）智慧的教育、价值（求善求美）智慧的教育和实践（求实求行）智慧的教育，这三个方面既相互区分又彼此联系。教育的根本宗旨在于促使受教育者全面地占有自己的智慧本质，成长为理性智慧、价值智慧和实践智慧的统一体。”

世界各国在推进教育信息化和智慧校园建设方面都相继出台了一系列的政策文件，用来支撑本国的教育信息化发展，如美国教育部发布了2017《美国国家教育技术计划》，计划提出：“重塑技术在高等教育中的角色，要在高速宽带网络、学习终端、数字学习环境、政策方面加强校园基础设施建设，支持高效学习。”该计划从学习、教学、评价、基础设施和体系、领导力五个方面探讨技术在以学生为中心的高等教育生态系统中的作用，为国家高等教育的发展和变革提供指导[49,50]；早在2006年6月，新加坡正式公布“智慧国2015（iN2015）”计划，新加坡在其iN2015计划中提出实施智慧教育计划，该计划目标是培养满足社会多样化需求的学生，继发布“智慧国2015（iN2015）”之后，新加坡又针对六大类学校发布了“未来学校”计划，重点推进的前沿应用包括沉浸式学习环境、虚拟全球教师、课件生成器、可视化工具等[50]；马来西亚也出台了如《马来西亚智慧学校：发展21世纪的技能》《智慧学校概念蓝图》《智慧学校建设标准》等文件，从建设愿景、核心要素、质量标准等方面规范智慧校园建设[50]。韩国在《智能教育推进战略》中指出：自2015年起，韩国将在所有学校建设以云技术为基础的教育环境，在一线学校正式实施“量体裁衣”式的智能教育，用纸张制作的传统教科书将从学校消失，取而代之的是数码教科书，学生们可以通过计算机、智能平板、智能电视等各种数码终端灵活使用。特别强调电子课本的设计与学生智慧学习（smart learning）之间的关系。韩国智慧教育战略体系的核心是数字教科书的普及推广，期望通过教材的彻底革新来带动整个教育体系的升级改造。

我国在教育信息化建设方面也作出了具体规划，如《国家中长期教育改革和发展规划纲要（2010—2020年）》《国家教育事业发展“十三五”规划》《教育信息化十年发展规划（2011—2020年）》《教育信息化“十三五”规划》《教育信息化2.0行动计划》《深入推进智慧城市建设总体方案（2015—2020年）》等。2018年6月7日，发布《智慧校园总体框架》（GBT 36342—2018）国家标准，这都为我国智慧校园建设创造了条件。

综合国内外智慧教育建设情况，我国的智慧校园建设还存在一些问题：一是重视基础设施的建设，而忽视软实力的发展。智慧教育的大部分资金都投入在智能设备的购买和资源的建设，而对创新人才培养系统开发，公共教育资源标准与服务和教师信息技术技能培训的资金相对较少，所以有效的智慧教育系统没有被完全建好，这对于实现智慧教育将是一重大挑战；二是目前的智慧教育的建设方案主要是由企业跟政府一起合作承建，这相对于智慧教育的建设目标还有一定的差距，建设过程中，应该需要更多学科的专家参与，共同研究智慧校园建设方案；三是我国现阶段智慧教育的建设都是以政府和学校为中心，而智慧教育的目标是赋予学生于智慧，实现以学生为中心，建立智慧学习环境，实现学生进行个性化、体验式的智慧学习，从而培养创新型人才。

一个完整的智慧教育系统，必须包括教师、数字资源、信息学习环境和学习者，所以要促进智慧校园建设与应用向前发展，还需要更多研究智慧教育环境下教师信息技术技能、信息化教学策略及信息化学习策略的研究。

在我国，教育信息化走过了数字化校园建设阶段，现在进入了智慧校园建设阶段。随着“数字化校园”建设向“智慧校园”建设升级发展，未来的教育信息化必将围绕“智慧”“智能”“大资源”“大共享”方向发展。

“数字化校园”建设是“智慧校园”建设的基础和必要条件。随着大数据、云计算、物联网、移动互联、虚拟仿真、人工智能等技术在数字化校园建设中的应用，必将推动数字化校园向更高级的形态发展，即由“数字化校园”向“智慧校园”发展。以浙江大学、复旦大学为代表的高校在智慧校园建设方面走在了同行的前面，但国内其他学校也在不断完善数字化校园建设的基础上，提出各自的智慧校园建设规划和实施计划。

1.3 智慧校园建设政策演进

2010 年 7 月 29 日，国务院发布《国家中长期教育改革和发展规划纲要（2010—2020 年）》，文中指出：“把教育信息化纳入国家信息化发展整体战略，超前部署教育信息网络。到 2020 年，基本建成覆盖城乡各级各类学校的教育信息化体系，促进教育内容、教学手段和方法现代化；加强优质教育资源开发与应用。加强网络教学资源体系建设。引进国际优质数字化教学资源。开发网络学习课程。建立数字图书馆和虚拟实验室。建立开放灵活的教育资源公共服务平台，促进优质教育资源普及共享。”[1]这是我国进入 21 世纪的第一个中长期教育规划，也是这一时期指导我国教育发展与改革的纲领性文件。

2012 年 3 月 20 日，教育部发布《教育信息化十年发展规划（2011—2020 年）》，文中指出：“推进信息技术与教学融合，建设智能化教学环境，提供优质数字教育资源和软件工具；建设并不断更新满足各级各类教育需求的优质数字资源，开发深度融入学科教学的课件素材、制作工具，完善各种资源库，建设优质网络课程和实验系统、虚拟实验室等，促进智能化的网络资源与人力资源结合。”[2]这是我国第一个教育信息化的政策主导性规划文件，也是我国教育信息化建设的纲领性文件，规划了我国教育信息化建设在今后十年的行动纲领和路线图，为教育领域在教育信息化发展方面确立了建设目标，也为教育领域在信息化发展方面提供了稳定的可持续的经费保障，对于指导我国后续各项教育信息化建设工作具有重要意义。

2012 年 3 月 27 日，国家发改委、教育部等部委发布《下一代互联网“十二五”发展建设的意见》，文中指出：“在现有互联网基础上进行创新，发展地址资源足够丰富、设施先进、节能泛在、安全可信的下一代互联网，提供更大信息量和多样化的业务应用，更智能地支持人与人、人与物、物与物相互联通。”[3]通过下一代互联网建设，将促进新技术的发展与应用，提升我国教育信息化水平和教育智慧化水平，缩小与世界先进信息化之间的差距。

2012 年 5 月 4 日，教育部发布《关于加快推进职业教育信息化发展的意见》，文中指出：“加大以信息技术改造传统专业的力度，推动信息技术与生产技术的融合，及时更新教学内容，着力办好电子商务、会计电算化、工业设计（CAD）、现代物流、智能楼宇、物联网及移动互联网应用等，与信息技术结合紧密。”[4]该文件给职业教育信息化发展指明了方向，将有利于促进职业教育发展和应用先进的信息化技术；有利于提高职业教育现代信息技术应用水平；有利于提高职业教育的教育教学质量和人才培养质量。

2012 年 11 月 15 日，教育部发布《关于公布第一批教育信息化试点单位的通知》，文中指出：“本科院校试点强调侧重信息技术创新人才培养模式、智慧校园建设机制、信息化条件下教育教学模式改革等方面进行探索。”

2014 年 3 月 12 日，教育部发布《2014 年教育信息化工作要点》，文中指出：“推进国家开放大学智慧校园建设，实现教学楼无线网络覆盖。”[5]

2014 年 3 月 14 日，中央电化教育馆发布《2014 年教育资源开发、应用和服务重点工作》的通知，文中指出：“开发数字教育资源信息智能导航系统，提供各级各类教育资源信息智能导航服务，配合数字教育资源信息智能导航系统，加大优质教育资源集中展示力度，提升常态化展示能力。”[6]

2015 年 1 月 15 日，教育部发布《职业院校数字校园建设规范》，文中指出：“实现网络化的信息产生、管理、传播和使用方式，从而形成信息化、智能化的校园环境；虚拟仿真实训基地的建设要设计智能化考试考核平台。”[7] 这将有效地推动职业院校数字校园建设向规范化、科学化方向发展，将加速职业院校数字化校园建设向智慧校园建设迈进。

2015 年 8 月 31 日，国务院发布《促进大数据发展行动纲要》，文中指出：“培育高端智能、新兴繁荣的产业发展新生态。推动大数据与云计算、物联网、移动互联网等新一代信息技术融合发展。”[8] 这是对教育大数据进行顶层设计与规划，将在重点实施的公共服务大数据工程中，确定建设教育文化大数据，将加强专业人才培养作为要建设的大数据的七大政策机制之一。

2016 年 6 月 7 日，教育部发布《教育信息化“十三五”规划》的通知，文中指出：“教育信息化要更好地服务国家重大需求，在‘一带一路’、‘互联网+’、大数据、信息惠民、智慧城市、精准扶贫等国家重大战略中发挥作用。‘互联网+’行动计划、促进大数据发展行动纲要等有关政策密集出台，信息化已成为国家战略，教育信息化正迎来重大历史发展机遇。”[9]通知明确提出了以教育信息化带动教育现代化，成为国家教育发展的战略共识。

2017 年 1 月 25 日，教育部办公厅发布《2017 年教育信息化工作要点》的通知，文中指出：“推动数字校园和智慧校园建设，引导各级各类学校开展数字校园、智慧校园建设与应用。”[10]智慧校园建设正式被提上日程，随后全国各地也纷纷出台智慧校园建设相关文件和建设方案。

2018 年 2 月 11 日，教育部办公厅印发布关于《2018 年教育信息化和网络安全工作要点》的通知，文中指出：“引导数字校园和智慧校园建设。充分发挥地方与学校的积极性与主动性，引导各级各类学校结合实际特色发展，开展数字校园、智慧校园建设与应用。”[11]

2018 年 2 月 11 日，教育部、国家发展改革委、财政部、人力资源社会保障部、中央编办五部门联合发布《教师教育振兴行动计划（2018—2022 年）》的通知，文中指出：“充分利用云计算、大数据、虚拟现实、人工智能等新技术，推进教师教育信息化教学服务平台建设和应用，推动以自主、合作、探究为主要特征的教学方式变革。”[12]该计划的实施将有力地推动教师在教学过程中对新技术的应用，有利于全面提升教师信息化素养和信息化应用能力。

2018 年 4 月 13 日，教育部发布《教育信息化 2.0 行动计划》，文中指出：“智慧教育创新发展行动，以人工智能、大数据、物联网等新兴技术为基础，依托各类智能设备及网络，积极开展智慧教育创新研究和示范，推动新技术支持下教育的模式变革和生态重构，发展智慧教育创新示范，构建智慧学习支持环境。”[13]这标志着我国教育信息化进入 2.0 阶段，也为我国教育信息化改革发展指明了方向。

2018 年 6 月 7 日，国家市场监督管理总局、中国国家标准化管理委员会公布了国家标准文件《智慧校园总体框架》（GBT 36342—2018），对如何部署智慧校园的总体架构，如何实现智慧教学环境，如何构建智慧教学资源，如何部署智慧教学管理系统，如何构建智慧教学服务等进行了明确规范。[14]

2019 年 2 月 27 日，教育部发布《2019 年教育信息化和网络安全工作要点》，文中指出："深入实施《教育信息化 2.0 行动计划》，编制《中国智能教育发展方案》，举办国际人工智能与教育大会；实施智慧教育创新发展行动，设立 5 个以上'智慧教育示范区'；推动在中小学阶段设置人工智能相关课程，逐步推广编程教育；推动大数据、虚拟现实、人工智能等新技术在教育教学中的深入应用。"[15]

1.4 智慧校园建设目标

智慧校园建设的目标是构建一个集智能、安全、透明、灵活、可靠、高效为一体的校园系统。智慧校园以新一代信息技术为基础，广泛智慧应用为支撑，泛在信息全面感知互联，实现校内外资源全面融合，实现人、物、校无缝连接与协同联动，将学校物理空间与数字空间有机连接，为师生员工提供智慧开放的教育教学环境，适应新一代信息技术下人与资源、人与环境的交互模式，提升信息化用户体验，促进学校提高教育教学质量和管理水平，提升学校教育治理体系和治理能力现代化水平，提高学校人才培养质量和教育教学水平，促进师生全面发展。

通过智慧校园建设与应用研究，探索智慧校园建设架构，探索智慧校园建设模式，探索智慧校园管理机制，设计合理的智慧校园应用系统架构，寻求合适的技术方案，建立相应的组织保障措施，形成智慧校园建设标准，并建设符合中国教育实际的智慧校园应用模式。

1.5 智慧校园建设意义

智慧校园建设是以学校数字校园建设为基础。数字校园主要以计算机网络为核心技术，信息平台建设为依托，信息资源的整合与共享为特征，以实现教育教学的数字化，强调的是教育信息化。而智慧校园强调对学校管理、教育教学、科学研究、后勤服务等的数据采集与智能化处理，按角色提供智能化的数据分析与智能化的服务。通过对智慧校园建设与应用的研究，是对我国数字校园建设成果的进一步深化与推广应用，为进一步推进学校教育信息化建设与应用水平具有重要的促进作用。智慧校园建设是对我国各类学校现有数字校园建设的升级，是新一代的教育信息化，也是未来教育信息化的基础。因此，通过智慧校园建设与应用的研究，能为我国在智慧教育领域的研究与建设积累经验并提供参考与借鉴。通过开展一系列智慧教育的研究和实践，在教育信息化走向智慧教育的大背景下，认真梳理有关阶段性研究成果，厘清智慧教育研究发展现状，反思其创新实践效果，对于我国各类学校智慧校园发展具有现实意义。

智慧校园建设是教育信息化建设的重要组成部分，是衡量教育现代化水平的重要标志。智慧校园建设是我国教育领域发展改革的必然趋势，进行智慧校园建设，有利于促进教育信息化快速发展；有利于构建灵活多样的教育教学模式和学习方式；有利于优化学校管理和提升学校办学水平；有利于培养适应现代信息化社会的高素质人才；有利于新一代信息技术研发应用，促进国民经济发展；有利于促进教育信息化向更高级阶段和新的形态发展；有利于加速教育现代化进程；有利于引领我国教育信息化向智能化方面可持续发展。智慧校园建设，使教育领域能够适应新时期教育信息化发展的需要，以及学校管理、教育教学改革的需要。我们要深刻认识到智慧校园建设对促进教育现代化发展的重大意义。

2 教育信息化与教育大数据

2.1 教育信息化发展概述

当今社会，我们已经迈入了一个知识爆炸的信息化时代，信息技术在各行各业中蓬勃发展，信息技术在教育行业中的发展与应用也发生了翻天覆地的变化，从最初的电脑+投影设备的多媒体教室到如今在线学习、互动课堂、虚拟仿真、智慧教室等，信息技术在教育领域引发了教学模式与学习方式的深刻变革，教育信息化也必将对我国教育的发展产生深远的影响。

2.1.1 教育信息化概念

教育信息化是指在教育教学过程中，应用一切可用的信息化设备、信息化技术来为教育服务的过程，促进教育教学改革，提升教育教学质量、提高师生信息化素养，注重教育信息资源的开发利用，让教育适应信息化社会发展的需要。

教育信息化的特点是：网络化、多媒体化、数字化和智能化。以教育信息化促进教育现代化，用现代信息技术改变传统教育教学模式，教育信息化的快速发展，加速了学校教育教学模式改革，对传统的教育模式和教学方法都将产生巨大影响，教育信息化促进了人们改变传统的教育教学观念以适应新时代信息化社会教育教学的新需求，这对深化教育教学改革，提高教育教学质量和人才培养质量具有十分重要的作用。

2.1.2 教育信息化发展历程

早在20世纪60年代，“信息化”一词便在日本的一些学术文献中出现。当时的“信息化”跟现在的“信息化”存在一定区别，主要限于产业角度的描述与界定。到了20世纪70年代，联合国教科文组织和欧洲的一些国家如德国，他们制定了相关信息技术在社会中的应用与发展规划。在这些规划中，把信息基础设施建设作为重要的一环。美国在1993年9月正式提出“国家信息基础设施”（俗称“信息高速公路”计划），该计划主要发展Internet技术和IT技术在社会各领域、各方面的广泛应用，许多发展中国家、发达国家受美国影响，也纷纷制定了相关国家信息基础设施建设规划，从而掀起全球信息化建设热潮。[16]

“教育信息化”概念主要是随美国的“信息高速公路”建设而提出的，美国在“信息高速公路”计划中把IT技术引入教育，并把IT技术在教育领域中的应用作为21世纪实施教育改革的重要途径，美国的这一做法得到了许多国家的响应，各国相继制定了推进本国IT技术在教育中应用的计划；我国自20世纪90年代末开始，随着网络技术的快速发展与迅速普及，社会发展与人们的生活都与网络和信息技术息息相关，“社会信息化”开始被提出，在教育领域，“教育信息化”也开始出现，政府的文件中也开始正式使用“教育信息化”这一概念。[16]

1978年8月，经邓小平等党和国家领导人同意、国务院批准，国家成立中央电化教育馆，这标志着我国教育信息化迈出了第一步。1978年4月22日，邓小平同志在全国教育工作会议上指出：“要制订加速发展电视、广播等现代化教育手段的措施，这是多快好省发展教育事业的重要途径，必须引起充分的重视。”随后，全国各地开始筹备成立广播电视大学，1979 年 2 月 6 日，由邓小平借鉴国际上创办开放大学的经验，亲自倡导并批准创办面向全国的广播电视大学，中央广播电视大学和 28 所省级广播电视大学同时宣告成立，这揭开了我国教育史上远程高等教育发展的新篇章。可以看出，我国的教育信息化是伴随着改革开放而开始的。

1999 年 6 月，中共中央、国务院发布了《关于深化教育改革全面推进素质教育的决定》，在文中的第 15 条中指出：“大力提高教育技术手段的现代化水平和教育信息化程度”。“教育信息化”首先在官方文件中出现。

通过对我国教育信息化政策发展历史变化轨迹的研究，目前我国的教育信息化主要经历了两个时代，即教育信息化 1.0 时代和教育信息化 2.0 时代。教育信息化 1.0 时代经历了漫长的发展，主要经历了三个阶段，即起步阶段（1978—2000 年）、迅速发展阶段（2001—2010 年）、全面推进应用阶段（2011—2017 年）。2018 年 4 月 13 日，教育部发布了具有划时代意义的《教育信息化 2.0 行动计划》的通知，标志着我国教育信息化从 1.0 时代进入到 2.0 时代，从而开启了我国教育信息化融合创新的新阶段。

2.1.3 教育信息化发展现状

2018 年 4 月 13 日，教育部印发《教育信息化 2.0 行动计划》，从此，我国的教育信息化进入到 2.0 时代。《行动计划》指出：“要通过实施教育信息化 2.0 行动计划，到 2022 年基本实现‘三全两高一大’（即教学应用覆盖全体教师、学习应用覆盖全体适龄学生、数字化校园建设覆盖全体学校，信息化应用水平和师生信息素养普遍提高，建成‘互联网+教育’大平台）的发展目标”，定位于“互联网+教育”的具体实施计划。[17]

我国教育信息化升级到2.0时代，资源建设与应用、技术研发与应用等各方面都将发生重大转变。信息化建设由应用驱动向创新驱动转变；资源建设从专用资源向共享资源转变；学生从信息技术应用能力提升向信息技术素养提升转变；从应用整合发展向创新整合发展转变；从系统集成应用向智慧化应用转变。教育信息化将努力构建“互联网+”条件下的人才培养新模式、发展基于互联网的教育服务新模式、探索信息时代教育治理新模式。[17]

教育部发布《2018年12月教育信息化和网络安全工作月报》，“三通工程”进展数据显示：“全国中小学中，96.7%的学校实现网络接入，配备多媒体教学设备普通教室333万间，92.3%的学校已拥有多媒体教室，其中71.2%的学校实现多媒体教学设备全覆盖；学校统一配备的教师终端、学生终端数量分别为946万台和1372万台，开通网络学习空间的学生、教师分别占全体学生和教师数量的47.7%、63.7%。”优质教育资源共建共享方面：“2018年度整合开发的小学6年级英语、科学、美术、音乐共4个学科、各个版本共计342学时的数字教育资源。‘爱课程’网中国大学MOOC移动终端累计下载安装1795万人次，平台在授课程6369门次。”教育资源公共服务体系方面：“截至12月底，国家教育资源公共服务平台已开通教师空间1252万个、学生空间605万个、家长空间556万个、学校空间40万个。”[18]

教育信息化进入2.0时代，是实现现代信息技术与教育教学深度融合，推动教育深层次改革创新的时代；是实现现实世界教学与虚拟世界教学相融合的时代；是基于现代信息化技术真正校企融合的时代；是大数据、物联网、虚拟化、人工智能、区块链等技术迅猛发展的时代。

教育信息化进入 2.0 时代，将推动教育教学全面改革创新。将教师为中心、课堂为中心、教材为中心、考试为中心转变为以学生为中心、学习为中心、能力培养为中心、过程评价为中心。这将彻底改变教育教学模式与学习模式。

总之，目前我国教育信息化正处于“数字化校园”建设向“智慧校园”建设过渡发展的时期。

2.2 教育大数据发展概述

我国教育信息化经过 40 多年的建设与发展，基础设施建设与信息资源建设都取得了巨大成就，特别是经过数字化校园建设与应用，各学校积累了海量的数字资源，这为我们研究分析教育大数据提供了数据来源。

2.2.1 教育大数据概念

从教育信息化主体出发，教育大数据可分为广义的教育大数据和狭义的教育大数据两类：广义的教育大数据泛指教育教学活动中产生的所有数据；狭义的教育大数据是指学习者的行为数据；也有研究指出教育大数据指整个教育活动过程中所产生的以及根据教育需要采集到的，一切用于教育发展并可创造巨大潜在价值的数据集合。[19]

教育大数据一般是基于教育大数据平台或教育大数据中心，通过数据采集、分析、挖掘和交换等操作，通过数据共享及相关技术支持，实现对不同个体与群体进行多维度的数据融合分析与研究，对目标对象在时间序列和空间维度上进行动态分析，达到对教育教学、行政管理、学习评价、科学研究、社会服务等各方面都产生积极影响。

通过研究，人们认为教育大数据概念包含多个含义：一是教育大数据是教育领域的大数据，是面向特定教育主题的多类型、多维度、多形态的数据集合；二是教育大数据是面向教育全过程的数据，通过数据挖掘和学习分析支持教育决策和个性化学习；三是教育大数据包括结构化和非结构化类型的数据，通过数据共享的各种支持技术达到共建共享的思想。[4]

现在普遍公认的教育大数据概念为："教育大数据是面向教育全过程时空的多种类型的全样本的数据集合"。[48]

2.2.2 教育大数据的特征

跟传统收集的教育数据相比，教育大数据具有更强的实效性、连续性、全面性、全过程性。教育大数据可以使用大数据分析技术对数据进行多维度的分析及深度应用。传统收集的教育数据一般是阶段性的数据，主要是在用户知情的情况下由用户填报，是局部数据，数据分析通常是简单的统计分析方法，不能有效地反映事物的连续性。教育大数据收集的是教育教学的全过程数据，数据收集不需用户直接参与，是自动采集的，是全局数据，数据分析采用大数据分析工具，可实现历史数据分析、实时数据分析、结合历史数据对未来进行预测等。

教育大数据主要有以下特征。

2.2.2.1 规模庞大，数据海量

教育大数据收集的是整个教育教学过程中的动态和静态数据，不但包括教育教学数字资源，也包括教育教学活动的所有过程数据。

因此，数据结构复杂、规模庞大、数据海量。

2.2.2.2 数据形式与类型多样化

教育大数据是教育教学过程中各项教育教学活动应用信息化技术的结果，教育教学活动以及各种事物之间的交互都会产生非常庞杂、形式多样的数据信息。大量的信息如音频、视频、动画、图片图像、文本、虚拟仿真等各种格式的数据在“云”端或存储上频繁读写，形成一个数据形式多样、类型繁多并且信息在不断变化的丰富多彩的教育虚拟世界。

2.2.2.3 数据时效性强、数据价值巨大

教育大数据记录的是教育教学的全过程，数据是实时记录保存的，数据具有很强的时效性。我们可以对过程数据和实时数据进行挖掘分析，比如分析学生的行为轨迹、学业状况、心理健康、安全事件预测等，通过建立合理的预测模型，真实地对学生在校学习期间的不良行为进行及时纠正，让学生取得更好的学习成绩；分析教师的授课实施轨迹、作业处理情况、教学评价分析、教学预警等，通过真实的数据反映，及时纠正教师的教学行为，让教师在教学过程中不断成长，不断积累教学经验、不断提高教学质量；分析学校的办学水平、管理水平，找差距，对学校异常行为预警，提高学校的办学水平与办学质量，也促进教育教学质量的提高。教育大数据虽然复杂，但存在着巨大的价值，把教育大数据分析好利用好，可以大大提升学校现代化办学水平。

2.2.3 教育大数据发展现状

数字化校园经过 10 多年的快速发展，积累了丰富的教育数据，

挖掘应用教育数据资源逐渐受到各学校的重视。在 2013 年开始，全国就掀起研究应用教育大数据技术促进教育教学改革发展的热潮。教育大数据贯穿于基础教育、职业教育和高等教育，也贯穿于终生教育。加快教育大数据与教育行业的深度整合，是当前教育事业发展的急切需求。

2.2.3.1 数据价值巨大，但利用率不高

教育大数据包含了大量的原始数据，这些数据包含了教育教学的全过程，数据的价值是巨大的，利用好了可以加速现代教育教学改革，提升学校办学水平和人才培养质量，但现阶段，不管是教育管理者，还是教育科技工作者，他们对这些海量数据关心和重视程度并不够，海量的数据大都沉睡在存储设备中，只有很少一部分被开发应用。我们可以看出，教育大数据蕴含着丰富的数据资源，如何从海量的数据中挖掘出有价值的信息，提高资源利用和共享水平，应用数据服务于学校发展，是现阶段教育科技工作者急需研究的课题。

2.2.3.2 教育数据资源丰富，数据已成为战略资源

麦肯锡董事长鲍达民认为："中国在人工智能方面蕴藏着巨大的潜力，一个最根本的原因是拥有海量的数据。"根据 2018 年全国教育事业统计，全国共有各级各类学校 51.89 万所，各级各类学历教育在校生 2.76 亿人，各级各类学校共有专任教师 1673 万人。[20] 随着现代信息技术的广泛应用，庞大的学校基数和师生人数，必然产生庞大的教育数据，教育数据是国家核心数据之一，在教育信息化促进教育现代化的进程中，教育大数据必将得到越来越多的重视，发挥出来的优势也必将越来越凸显。

2.2.3.3 教育大数据上升到国家战略高度

十八大以来，国家密集出台了如“互联网+”行动计划、《教育信息化“十三五”规划》《促进大数据发展行动纲要》《新一代人工智能发展规划》《教育信息化2.0行动计划》等政策文件。其中，在《促进大数据发展行动纲要》中指出建设“教育文化大数据”；在《教育信息化2.0行动计划》中指出：“深化教育大数据应用，全面提升教育管理信息化支撑教育业务管理、政务服务、教学管理等工作的能力。”教育大数据已成为国家战略，教育大数据建设将迎来重大历史发展机遇。[21]

2.3 教育信息化助力教育大数据发展

在国家强有力的推动下，在大量政策文件的指引下，我国教育信息化取得了巨大成就。在我国近20年教育信息化大发展中，特别是进入数字化校园建设阶段，国家、地方、学校各层面都建成了满足不同需要的信息系统、学习平台、资源平台等。目前，我国各级各类学校信息化基础设施建设不断完善，基本建成各具特色的数字化校园，部分学校进入智慧校园建设，大多数学校都建成满足管理、教学、科研和服务等所需的各类信息管理系统，建设完善泛在开放的学习环境，提供丰富的数字教育资源，构建人人皆学、处处能学、时时可学的在线智能化学习平台，数字资源日益丰富，各层次的学校都积累了海量的教育数据资源。

2012年9月5日，刘延东同志在全国教育信息化工作电视电话会议讲话中提出“三通两平台”建设，对信息化基础设施建设、数字资源建设和资源应用都作了明确要求，这进一步加速了我国教育信息化建设步伐，更多的信息化资源将建成使用，更丰富的数字资源将产生。

教育部发布《2019 年 6 月教育信息化和网络安全工作月报》，文中指出：“‘三通工程’进展数据各地报送数据显示，截至 2 季度末，全国中小学互联网接入率达 97.9%，93.6%的学校已拥有多媒体教室，开通网络学习空间的学生、教师分别占全体学生和教师数量的 48.5%、66.7%；优质教育资源共建共享 2019 年度‘一师一优课、一课一名师’活动已有 285 万名教师报名参加，晒课 283 万堂；‘爱课程’网中国大学 MOOC 移动终端累计下载安装 2517 万人次，平台在授课程 9490 门次；教育资源公共服务体系截至 6 月底，国家教育资源公共服务平台已开通教师空间 1323 万个、学生空间 616 万个、家长空间 570 万个、学校空间 40 万个；继续推进试点区域平台接入国家数字教育资源公共服务体系，已接入上线平台 94 个，其中省级平台 21 个。”[24]这都为教育大数据提供了优质的数据资源。

在教育信息化大发展的背景下，我国庞大的学校基数和师生人数，必然产生庞大的教育数据，随着教育信息化的进一步发展，必然会产生更大、更优的教育数据资源，这也将助力教育大数据快速发展，以适应现代教育教学需要。

3 教育大数据与智慧校园

3.1 数字化校园与智慧校园

3.1.1 数字化校园概念

数字化校园是指利用计算机技术和网络技术，将学校包括教学、科研、管理、服务等在内的信息资源数字化，并实现数字化的信息管理方式和沟通传播方式，从而使数字资源得到充分优化利用的一种虚拟教育环境。[22] 通过实现从环境、资源到应用的全部数字化，在传统校园基础上构建一个数字空间，以拓展现实校园的时间和空间维度，提升传统校园的运行效率，扩展传统校园的业务功能，最终实现教育过程的全面信息化，从而达到提高管理水平和工作效率的目的。[23]

数字化校园按照教育阶段的不同可以分为：高校数字化校园，中等教育数字化校园，基础教育数字化校园和职业教育数字化校园。根据每个阶段教育的不同特点，其构建的数字化教育形式也有所不同。[24]

3.1.2 数字化校园发展现状

数字化校园的来源要追溯到 20 世纪 90 年代。在 1990 年，美国克莱蒙特大学教授凯尼斯·格林主持了一项大型科研项目，名为“信息化校园计划”，首次提出“数字化校园”的概念，由此打开用信息技术管理校园的大门。1998年1月31日，美国前副总统戈尔在美国加利福尼亚科学中心发表了题为“数字地球：二十一世纪认识地球”的演讲，随后“数字地球”“数字城市”“数字校园”等概念随互联网的深入发展应用而越来越为人们所熟悉。

现代信息技术在20世纪90年代的加速发展，促进了当今世界各国数字化校园建设的进程。数字化校园建设作为跨世纪教育改革的重要内容和指标，纷纷被纳入当今世界各国新一轮的教育信息化建设。如日本的第五代、第六代计算机进入教育网计划、欧盟的“尤里卡计划”、美国ISW向教育进军、韩国的“虚拟大学”、新加坡的“智慧岛”方案等。面对发达国家占据数字化校园建设制高点的现实，中等发达国家和发展中国家奋起追赶并试图超越，更使全球数字化校园建设的竞争日趋激烈。以美国为首的西方发达国家在数字化校园建设和应用方面已达到较高水平。国内很多学校特别是高校投入大量的人力物力和财力建设数字化校园，网络基础设施、硬件环境、软件建设等各方面都得到了很大的提升。通过数字化校园建设与应用，很多学校对各种资源进行有效的集成、整合与优化，实现资源共享，打破信息孤岛，消除数据的重复录入，为师生员工及校外用户提供统一的“一站式”信息服务平台。

数字化校园建设是学校的一项基础性、长期性和持续性的工作，是学校信息化建设和人才培养的重要组成部分，其建设水平是恒量学校整体办学水平、办学能力、学校地位和形象的重要标志。数字化校园建设与成果的有效应用，对于提高学校的行政管理效率、教育教学质量、科学研究水平和社会服务能力等方面都具有十分重要的意义。通过数字化校园建设，以期实现教育和管理过程的全面信息化。数字化校园建设与应用使学校的教学、管理、科研与服务进入一个全新的阶段。

随着数字化校园不断深入发展，目前，大数据、物联网、虚拟技术、云计算、人工智能、移动互联、智慧课堂、智慧教室等现代信息技术在教育领域快速发展和广泛应用，极大地推动了教育信息化与信息化产业的发展。2018 年 4 月 13 日，教育部印发《教育信息化 2.0 行动计划》，宣布我国的教育信息化进入到 2.0 时代，这也将促进教育信息化将向更高级阶段和新的形态发展即由“数字化校园”向“智慧校园”发展。

3.1.3 智慧校园概念

智慧校园是指利用物联网、大数据、云计算、人工智能、虚拟化等新技术为核心技术，实现校园管理智能化、校园生活一体化、校园设施数字化、课堂教学智慧化、学校沟通无缝化[25]，能提供一种环境全面感知、智慧型、数据化、网络化、协作一体化的教学、科研、管理和生活服务，并能对教育教学、教育管理进行洞察和预测的智慧学习环境。[26,27]

3.1.4 智慧校园特征

智慧校园是数字化校园的升级发展，是继承数字化校园建设进入高级阶段的表现形式，智慧校园将进一步促进现代教育信息技术与教育教学更深入的融合，智慧校园具有如下特征。

3.1.4.1 网络互联互通、高速泛在

经过数字化校园建设，教育领域的网络基础设施得到全面发展，很多学校基本实现有线与无线网络全覆盖，将基于计算机网络的信

息服务融入到学校的各个服务领域，实现互联与协同，在校园内基本实现人与人、物与物、人与物的全方位实时互动。在先进的应用通信与移动互联技术的支撑下，为校园内外各类随时随地随需随意的互联网应用提供充裕的网络带宽和泛在的基础网络条件。

3.1.4.2 环境全面感知、智能终端广泛应用

随着物联网、云计算、大数据、人工智能、虚拟化等新一代信息技术的发展与应用，促进教育信息化朝着智能化方向发展，各种智能感知技术和设备也得到广泛应用。通过智能终端可以实时对学习情境、学习者的状态以及学习过程进行感知、捕获和传递，对原来只能感性描述的学习环境和学习过程现在可以进行定量的数据分析与实时跟踪。通过智能感知环境和“一站式”信息服务平台，为学校与外部世界提供一个相互交流和相互感知的接口。

3.1.4.3 集成化和智能化是核心

应用现代信息技术，对各种业务系统进行高度集成，智能融合，应用物联网、大数据、云计算等技术，对海量数据进行智能挖掘分析，对数据资源进行深度整合，为广大师生提供一个全面的智能感知环境和个性化的“一站式”信息服务平台，提供基于角色的个性化定制服务，并能为用户提供主动推送与智能推荐服务。

3.1.4.4 智能化决策、多元化智慧服务

通过对学校积累的海量数据进行数据挖掘与大数据分析，可以为学生、教师和管理者在行为、规划等方面提供智能化决策；通过多元化智慧服务，实现个性化资源调配与服务，可为用户提供便捷、个性、简易、安全、可靠、稳定、高效和轻量级的智慧化服务，合

理调配软硬件、网络带宽、网络空间、网络环境以及服务等资源。[28]

3.1.4.5 智慧教育常态化

现代教育信息化给教育领域在教育教学模式、学习模式带来了前所未有的革命性影响。在信息化时代的新形势下，教育教学环境受到了翻天覆地的变化。应用现代教育信息技术构建多功能教育教学环境，如交互式电子白板、智慧课堂、智慧教室、虚拟现实技术等，这将彻底改变教师的教学模式和学生的学习形式，长期以教师为主体地位的教学模式将被打破，以教师为主导，学生为主体的创造性、开放性教育教学模式和学生自主主动的学习模式更适应现代信息化教育环境[29]，现在的教育，更关注学生的深度学习与创新能力，将具有创新素养的智慧型人才培养作为教育的最终目标，智慧型教师发展与创新型人才培养相辅相成[26]，因此，智慧教育常态化是符合各级各类学校可持续生态发展的需要。

3.1.5 数字化校园与智慧校园的区别与联系

数字化校园是基于互联网技术，将校园内的各种信息数字化、集成化、平台化，通过其集成的数字化平台增进师生之间的交流，改变教师的授课模式和学生的学习方式，加强学校的管理能力，提升学校的办学水平，提高人才培养质量；智慧校园是基于物联网、大数据、云计算、人工智能等新技术，核心是“智能化”，目的是为校内外用户提供一个全面的智能感知环境和智能化的“一站式”信息服务平台。[30]

数字化校园是基于互联网技术关于人的信息交流互动，突出统一的信息编码和单点登录提供系统授权后的“一站式”服务；智慧校园是在数字化校园的基础上，将应用服务进行延伸与扩展，提供人与人、人与物、物与物信息互通互联的智能化服务，由此可知，智慧校园是信息技术经过“数字化校园”充分发展，产生质的变化而形成的，但是，智慧校园与数字化校园也是密不可分的，数字化校园是互联网时代的产物，智慧校园是物联网发展的产物，互联网是物联网的基础，物联网是互联网的延伸，因此，智慧校园是建立在数字化校园基础上的，其实智慧校园是数字化校园发展的更高级别，是智能化、智慧化的数字化校园，数字化校园是智慧校园的基础，智慧校园是数字化校园的继承与延伸，两者都是教育信息化在不同阶段的建设方案。[28]

3.2 教育大数据驱动数字化校园向智慧校园发展

数字化校园建设与应用改变了我国教育教学模式，促进了教育教学改革，构建了人人皆学、处处能学、时时可学的网络学习空间环境，加速了我国教育现代化建设步伐，为国家、各级各类学校积累了丰富的数据资源，但互联网时代的数字化校园建设目标是信息的互联互通，信息交互的主体是人，因此数字化校园平面化以突出人的信息化服务不能满足教育信息化快速发展新的需要，必然会促使数字化校园向更高级的形态发展。

随着智慧城市、智慧教育、智慧校园、智慧教室、智慧课堂等关于智慧相关概念的提出，智能设备以及相关技术不断被应用，环境全面感知、情境实时识别、全过程记录成为现实，从此以人为主体的信息交互延伸到了物，提供人与人、人与物、物与物信息互联互通的智能化服务，把“智慧”“智能”融入到教育教学全过程。

智能设备的广泛应用，可以对学校环境、师生个体特征、教学情境、教学过程和学习过程进行全面感知、捕获与传递。通过智能终端，可以采集更为丰富、更为全面、更为巨大的实时数据资源，应用大数据技术，可对海量数据进行智能挖掘分析，通过对学生大数据分析，可以分析学生的行为轨迹、学业状况、心理健康、安全事件预测（如学业问题预警、不良习惯预警、沉迷网络预警、日常活动异常预警等），通过建立合理的预测模型，真实地对学生在校学习期间的不良行为进行及时纠正，让学生取得更好的学习；通过对教师大数据分析，可以分析教师的教学实施轨迹、作业处理情况、教学评价分析、教学预警等，通过真实的数据反映，让教师及时纠正教师的教学行为，让教师在教学过程中不断成长，不断积累教学经验、不断提高教学质量；通过对学校管理大数据分析，可以分析学校的办学轨迹，可以分析学校的办学水平、管理水平、存在的差距、学校异常行为预警，通过科学的数据呈现，让学校管理者清楚学校的不足之处，采取及时的补救措施，提高学校的办学水平与办学质量，也促进教学质量的提高。

教育大数据为教育智能服务提供数据来源，教育大数据是教育信息化向前发展的不竭源泉，是教育大数据被不断开发应用的过程，也是新技术不断发展应用的过程，教育大数据驱动数字化校园向更高级别的智慧校园升级发展，智慧校园建设开启我国教育智能新时代，也必将助力我国加速实现教育现代化。

3.3 教育大数据助力智慧校园发展

2014 年国务院政府工作报告指出："设立新兴产业创业创新平台，在新一代移动通信、集成电路、大数据、先进制造、新能源、新材料等方面赶超先进，引领未来产业发展。"大数据首次正式写入政府工作报告。2015 年 8 月 31 日，国务院印发《促进大数据发展行动纲要》，进一步促进大数据在各行业中的发展，也促进大数据产业向各大行业延伸，当然也包括教育行业。

回顾我国教育信息化建设与应用取得的成就，从数字化校园建设以来，各级各类学校网络基础设施建设基本完善，各类信息系统、在线学习平台基本建成，经过不断完善与应用，教育领域、各级各类学校积累了海量的教育数据，如再进行简单重复的信息系统建设已不能满足现阶段各学校信息化建设的需要，如何为用户提供更快捷、更优质、更智能的个性化服务是现阶段教育信息化建设与应用的主要目标。虽然各级各类学校积累的海量数据价值巨大，但目前利用率并不高，只作为数据资料长期沉睡在存储介质中，如何对教育大数据进行挖掘分析、充分利用，为学校带来经济效益和社会效益，为师生员工、教育管理者提供数据支持，学校由此实现智能化的决策与管理是教育大数据在现阶段主要的应用需求。

在教育大数据挖掘分析与应用过程中，获得了更全面的、实时的、全过程的数据，促进了智能设备的研发与应用，也促进了数据智能采集与智能分析的应用，驱动了智慧校园建设向前发展与应用。在教育大数据自身发展的强大内力推动下，也必将驱动教育信息化向智慧化方向发展，助力智慧化校园可持续健康发展。

4 基于教育大数据的智慧校园建设与应用

教育信息化经过数字化校园建设，现已跨入智慧校园建设阶段。智慧校园是教育信息化的更高级形态，是数字化校园的进一步发展和提升。智慧校园综合运用大数据、物联网、智能感知、人工智能、移动互联、云计算、虚拟现实等新一代信息技术，感知校园物理环境，识别师生的学习工作情景和个体特征，将学校物理空间和信息空间有机衔接，实现构建万物互联互通的智慧虚拟校园，实现“虚拟校园”与“现实校园”的无缝对接和实时更新。在学校全面数据采集的基础上，实现人、物、事、景等各方面的信息镜像，再通过教育大数据和云计算为基础的数据计算处理，实现无处不在的网络空间教学与学习、讨论研究、校务治理、文化活动、校园生活等活动的信息化，为师生建立智能开放的教育教学环境和便利舒适的工作生活环境，提供以人为本的个性化创新服务。

智慧校园建设与发展是教育行业发展变革的必然趋势，有利于推动教育信息化向更高级的形态发展；有利于促进教学模式和学习方式的多样化和灵活性；有利于培养高素质人才、提高学校的办学水平、优化学校综合治理能力，智慧校园的建设和发展能够适应新时期网络技术的发展、社会的需要，以及学校管理、教学改革等方面的需要，其最终目标就是实现教育现代化和智能化。

智慧校园建设要体现在以下几个方面：一是要具有稳定性、可靠性、安全性、高速性和便捷性的网络环境，能够随时随地快速接入互联网；二是能提供良好的数据环境，能够科学地组织各类信息资源和服务；三是具备智能、综合的信息服务联网环境，能够在人与人、人与物、物与物之间互相交换服务需求信息。[39]

智能化的网络基础设施建设是智慧校园建设的基础。智慧校园的一个核心特点就是信息的相关性，即能够在任何时间、任何地点和任何人、任何物进行交互沟通信息；智慧校园的构建，旨在提高校园工作、学习和生活环境的质量，构建一个智能、创新、开放的集教学、科研、管理和服务为一体的综合信息服务平台，智慧校园的基础是智能化的网络基础设施，其次就是智能应用系统及平台；智慧校园智能应用系统及平台的建设是在网络基础设施建设的基础上进行的，应根据学校应用实际，购买或开发具有针对性的应用软件系统或平台，智能应用系统及平台的建设包括网络教学平台、科研支撑平台、校务管理系统和校园服务系统四大部分；这几个应用系统及平台统一数据格式和接口，相互间根据通用的标准和规范，彼此信息共享、畅通，从而对学校教学、科研、管理、服务相关的数据进行整合、集成，统一管理和控制，实现全面智能化的应用和监管。[39]

智慧校园的建设一定是以大数据、人工智能为核心支撑技术，最终实现智慧教学、智慧管理、智慧科研、智慧就业、智慧服务以及智慧环境的智慧校园。

4.1 智慧校园建设目标

智慧校园建设是以科学的校园建设发展理念为依据，以大数据、云技术、人工智能等新一代信息技术和智慧应用为支撑，在泛在网络与泛在信息全面感知和互联互通的基础上，全面整合校内外资源，实现人、物、校之间的无缝连接与协同联动的智能自感知、自适应、自优化，从而智能识别师生群体的学习、工作情景和个体的特征，将学校物理空间和数字空间有机衔接起来，为师生建立智能开放的教育教学环境，改变师生与学校资源、环境的交互方式，达到提高教育教学质量和管理水平，促进师生全面发展。[40]

在智慧校园建设过程中，探索智慧校园架构；探索智慧校园项目建设模式；探索智慧校园管理机制，设计合理系统架构，寻求合适的技术方案，建立起相应的组织保障措施，形成智慧校园建设标准，建成符合学校实际需求的智慧校园。

在智慧校园建设过程中，充分利用云计算、物联网、移动互联、大数据、智能感知等新一代信息技术，构建智能感知的校园环境；建设完善的业务数据库、中心数据库和数据仓库，整合各类数据，形成标准的丰富的教育大数据数字资源与服务资源；建设智慧科研、决策支持平台，提升学校教育治理体系和治理能力现代化水平；建设移动校园平台、统一支付平台，提升学校信息化用户体验，全面推动校园信息化水平的整体提升。

4.2 智慧校园建设思路

智慧校园建设是一项复杂的系统工程，我们在方案设计与项目实施过程中必须采用系统化思维和科学的方法，确保所建成的智慧校园能用、好用。

4.2.1 整体规划，分步实施

智慧校园建设是一项需要耗费大量人力、物力和财力的复杂项目，智慧校园架构需要进行顶层设计，设计时要充分考虑大数据、云计算、智能化、移动化等新技术发展趋势；建设中，各级各类学校应结合本校实际需要出发，明确需求、充分调研、量力而行、统一规划、分步实施、逐步推广、合理使用有限的资金、避免重复建设、科学合理地构建智慧校园。

4.2.2 合理功能设计，抓建设落实，重用户体验

按照智慧校园建设项目整体规划要求，各子项目在实施过程中要做好立项管理、整体管理、范围管理、进度管理、成本管理和质量管理，确保各子项目能按时按质竣工验收，以保障智慧校园建设按规划实现整体建设与应用效果。

智慧校园前端与后端设计要合理，前端一般以个性化、智能化的“一站式”服务平台为核心，支持移动 APP、微信等移动终端访问，提升用户体验。后端一般以教育大数据平台为核心，实现全校范围内各种数据资源的融合，通过教育大数据平台，实现统一数据标准、统一数据治理和统一数据分析，真正把数据作为学校的核心资源充分利用起来，各业务部门要通力合作，共同梳理和规范业务流程，前端与后端可以通过业务流程串联起来，构建全校范围的业务流程网络，为校内外用户提供高质量的教育教学、科学研究、教育管理、学习生活等服务。[31]

4.2.3 模块独立化设计，轻应用迭加功能

智慧校园建设是一个长期的过程，不能一蹴而就，只能分步实施，我们可以边建设边使用，在使用过程中发现学校在教育教学、科学研究、教育管理、学习生活等方面迫切的需求，以此为切入点，按不同需要进行模块独立化设计，采用轻应用迭加功能，开放服务

平台接口，实现轻应用的功能加载与卸载，逐渐丰富服务平台功能和满足校内外不同用户应用需求。

4.3 智慧校园建设原则

4.3.1 技术先进性原则

积极采用信息技术领域的先进技术，从建设目标、设计理念、技术架构、实现方法等各方面尽力提高系统适应新需求的能力，从而提升生命周期。所用智能设备能够灵敏地对现实环境中的人或物进行感知，通过预先构建的算法模型，能准确地预测出服务对象的一般规律和发展趋势，从而建设一个可持续发展、具有先进性、智慧性、开放性的智慧校园。[41]

4.3.2 功能易扩展性原则

系统架构设计先进合理，充分考虑功能模块能方便地加载与卸载，以适应未来发展中功能需求发生变化后以能适应功能调整和功能扩展的需要。

4.3.3 构建开放性原则

建成的智慧校园将是一个开放性和兼容性都很强的大平台，能实现不同架构、不同业务的系统之间的无缝集成，有能力快速地融合第三方资源，能充分利用公有云上的各种共享资源和服务。

4.3.4 开发适应性

建设“大平台+微服务（微应用）”的体系架构，可以快速开发和修改需要快速响应和经常变化的应用需求，实现软件开发的敏捷化。

4.3.5 系统安全性原则

在智慧校园设计、建设与应用过程中，要充分考虑系统的安全性，包括数据安全、网络安全、传输安全、物理安全、管理安全和隐私安全等。

4.3.6 应用自动化和智能化

在各种应用中充分挖掘和实现能够自动化和智能化的功能，最终实现系统的整体智慧化。

4.4 智慧校园建设总体架构

智慧校园总体框架采用基于教育大数据分析的云计算架构进行部署，参考国家标准《智慧校园总体框架》（GBT 36342—2018），本架构分为基础设施层、支撑平台层、应用平台层、应用终端和信息安全体系等。各层由若干子系统（平台）构成，智慧校园总体架构如图 4-1 所示。

4.5 构建教育大数据平台

采用大数据技术将现有的业务系统中的数据实现统一存储、分析及应用，建立自动采集汇总机制，形成循环流转的数据流，汇聚到教育大数据平台，教育大数据平台支持结构化和非结构化的数据存储。教育大数据平台主要由智能数据采集中心、智能数据预处理

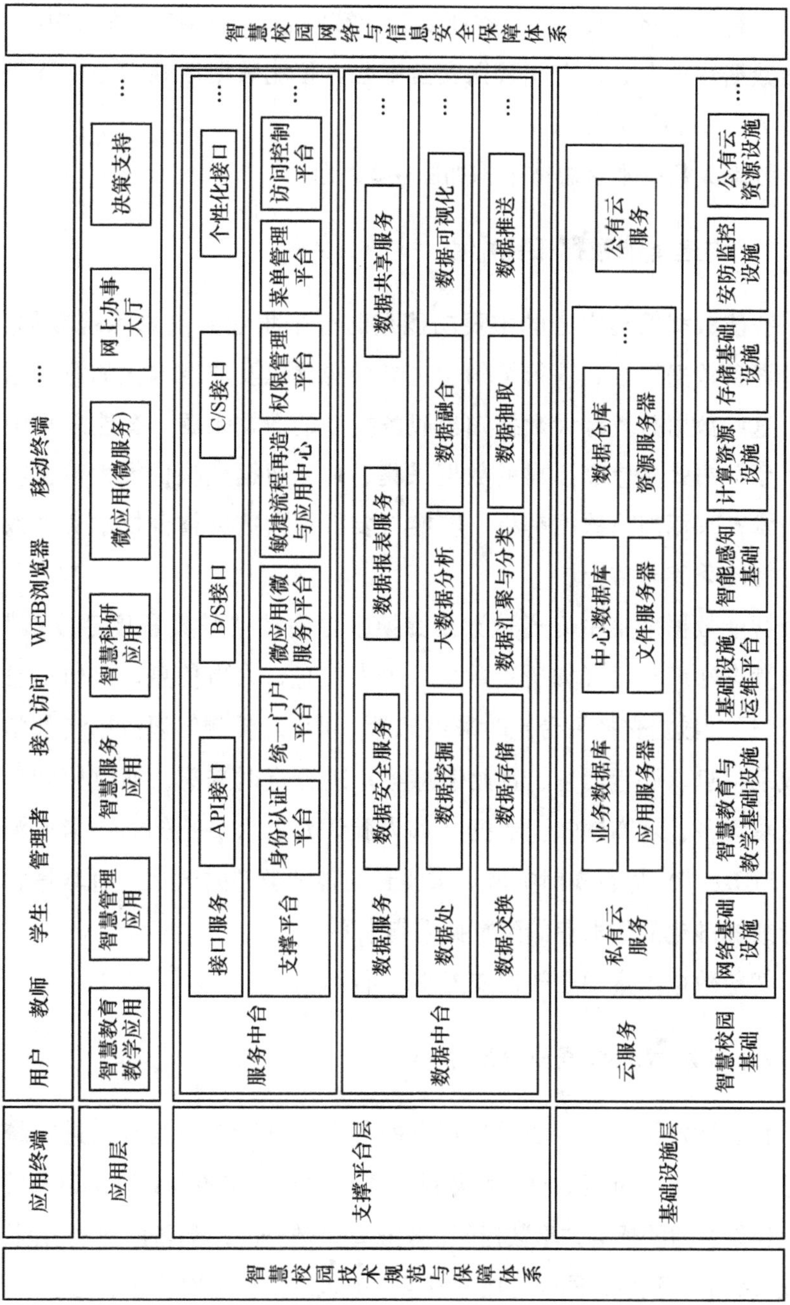

图 4-1 智慧校园总体架构

中心、智能存储检索中心、智能实时计算中心、智能挖掘算法中心、智能数据管理中心、智能数据安全中心、智能数据运维中心、智能统一 API 中心等部分构成。

教育大数据平台总体架构如图 4-2 所示。

4.5.1 构建智能数据采集中心

智能数据采集中心的主要功能是通过采集业务信息系统数据、硬件设备数据等方式获得结构化、半结构化以及非结构化的海量数据，这些数据是教育大数据知识服务模型的数据来源。智能采集中心采用分布式高速高可靠的数据采集、高速数据全映像等大数据收集技术；采用高速数据解析、转换与装载等大数据整合技术实现数据的智能采集与整合。

智能数据采集中心通过数据交换平台中的“采集程序客户端”采取静态知识数据（如历史数据、个人信息、人事信息、科研信息等），通过数据交换平台定时采集配置，可以对低频知识数据（如学生成绩信息、课程信息、就业信息等）进行定时采集，通过感知信息采集设备，对高频知识数据（如人脸识别、人员感知、一卡通消费、FRID 等）进行实时抓取。采集到的各种类型的数据经过数据解析形成标准化的数据存储到数据采集中心。

智能数据采集中心架构如图 4-3 所示。

4.5.2 构建智能数据预处理中心

智能数据预处理中心是将现有的各个业务系统中的数据进行统一标准化，去除重复数据、脏数据，建立包含学校各业务系统以及信息化建设所需的标准共享数据库，实现基础数据的共享和订阅式访问，保证数据的一致性，同时完成学校各业务系统数据结构的标准化。

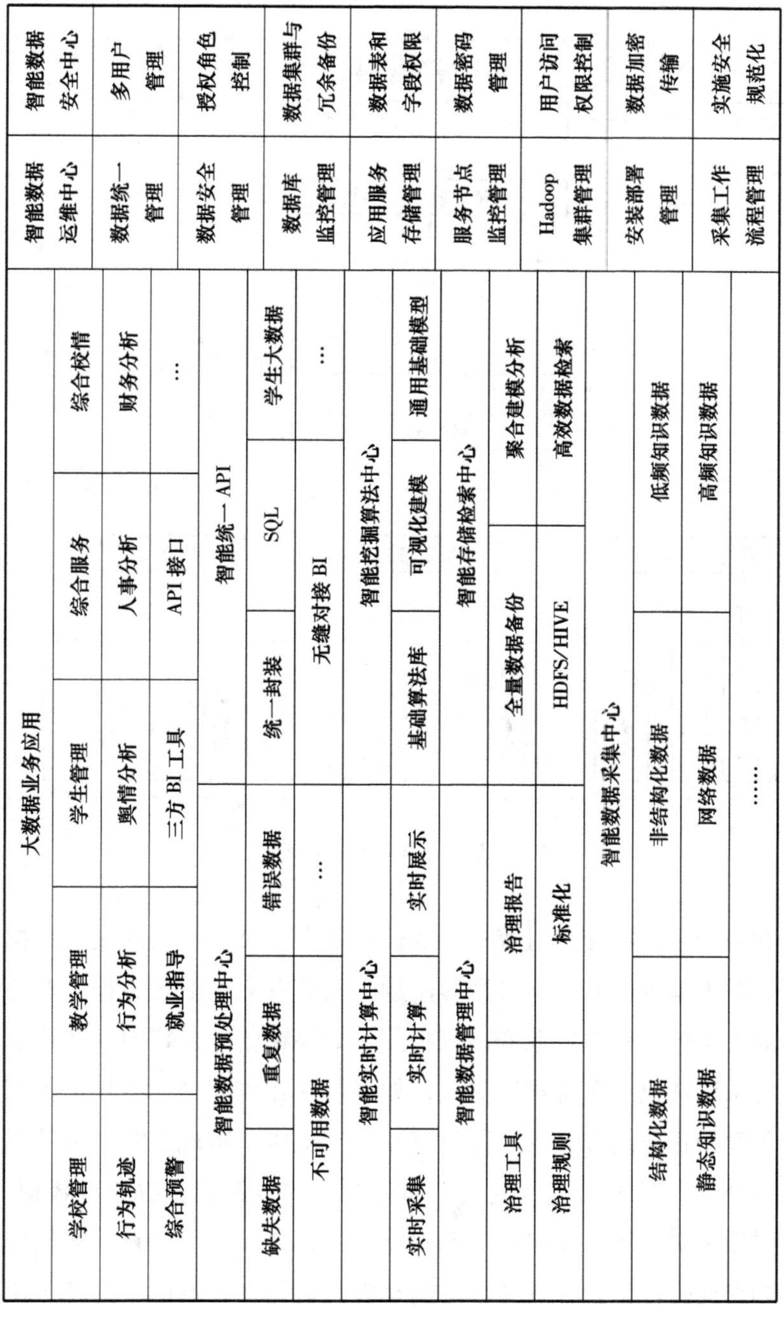

图 4-2 教育大数据平台总体架构

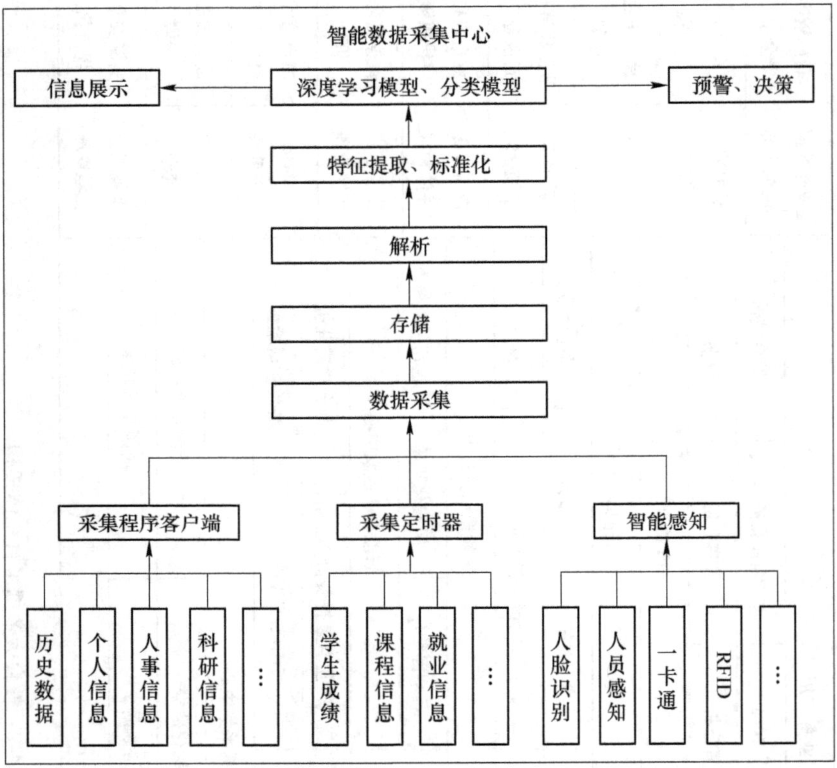

图 4-3 智能数据采集中心架构

在数据采集或使用过程中，我们常常会遇到如数据缺失、数据重复、数据错误、数据不可用等问题。我们在数据治理方面，对于数据缺失问题，将根据业务系统特点，如果在业务系统中存在该数据，将采取从业务系统再次导入，如果不存在该数据，将根据数据规则手动校正数据和补入，同时建立补入规则，实现后续缺失数据的自动补入。对于没有价值或不影响业务的数据，将放弃该数据；对于数据重复问题，将采用自动对比方式，清除完全重复的数据记录，如果同一种记录存在差异，但有效只能保存一条时，则将采用按时间对比的方式，去除过期数据，如果程序不能正确判断数据是否是正确的逻辑数据时，则需要人工加以判断，制定去重规则。

对于数据错误、数据不可用问题。在大数据平台中对数据进行归并和校正时，有时会遇到数据异常现象，这时将使用区间限定法和历史数据近似值等方法进行修复，如：学生成绩信息，可能存在异常填写超出了正常数据范围，此时可采用区间限定方法去除异常数据，对数据进行校正，如果存在数据格式错误，则将通过规则对数据进行修复，比如日期的表现格式在不同系统中可能存在不同表现格式，那么就需要使用同步规则将日期转换成统一的标准。我们在对数据进行修复时，有时也需要人工进行干预判断。

数据预处理中心架构如图 4-4 所示。

4.5.3 构建智能存储检索中心

智能存储检索中心主要包含数据仓储的建设和数据检索与管理，以 Hadoop 数据仓库为存储工具构建海量可扩展的存储仓库为存储介质，提供分布式，高并发性的海量存储数据存储及访问，并提供数据的管理及检索。大数据智能存储检索中心主要由五大块核心组件构成，即原始库、Impala 标准数据检索框架、ElasticSearch 分布式全文检索框架、主题库、数据可视化管理系统。各组件及主要功能如下所示。

原始库：由 HBase、Hive、HDFS 组成，非结构文件将统一存放在 HDFS 当中，传统关系数据库如 Sqlserver、Mysql、Oracle 等采集过来的数据基本都将存放在 Hive 数据库当中，只有当出现需要对数据体量极为庞大的数据类型进行存储与检索时，将针对不同的数据结构设计专门的 HBase 数据库。

Impala 标准数据检索架构：该类数据本质以 Hive 数据格式存放

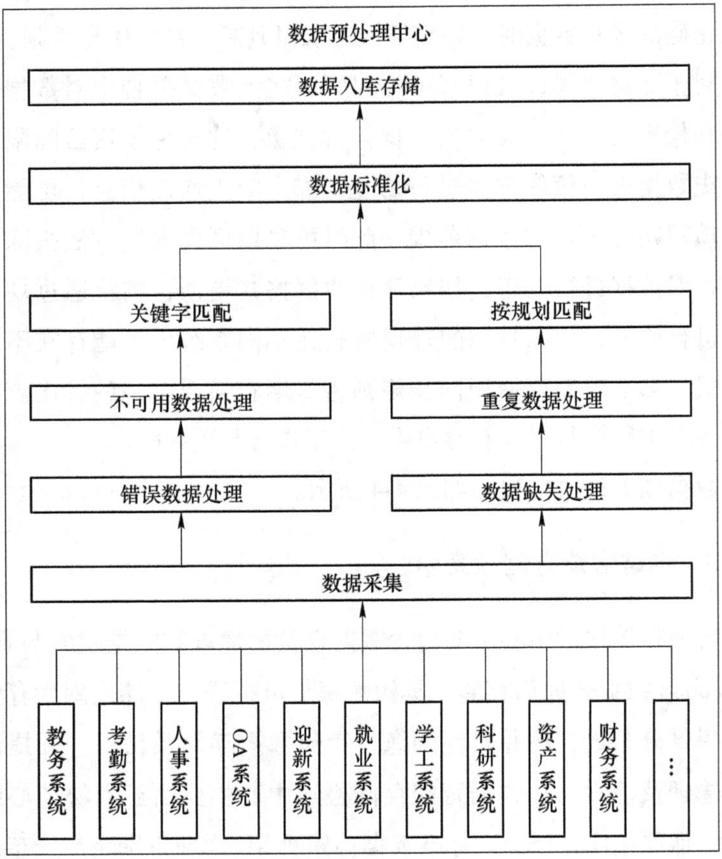

图 4-4 数据预处理中心架构

在 HDFS 当中，并且使用 Impala 的 MPP 查询架构对存放信息进行高速查询。

ElasticSearch 分布式全文检索框架：ElasticSearch 分布式全文检索架构主要用作对大量索引的高速检索，其中涉及大数据分析中的语义分析功能，可以对非结构化文件生成结构化索引，达到转换查询的目的。

主题库：数据通过清洗之后进入标准 Hive 数据库，主题库面对上层应用进行单独的主题数据聚合、抽取，并构建相应的主题数据库。

数据可视化管理：数据可视化管理是数据管理人员的统一入口，里面包含了对数据权限的划分，数据的可视化管理操作、数据组件的管理与数据查询的交互窗口。

智能存储检索中心架构如图 4-5 所示。

4.5.4 构建智能实时计算中心

智能实时计算中心主要由消息订阅分布系统 Kafk 和实时计算系统 Spark Streaming 两大部分组成。Kafka 是一种分布式的，基于发布/订阅的消息系统。引入 Kafka 分布式消息系统，并进行深度整合，满足项目中的水平扩展和高吞吐率要求，并能与上端算法分析应用进行深度集成与优化。Spark Streaming 是 Spark 核心 API 的一个扩展，可实现高吞吐量、具备容错机制的实时数据流的处理，并支持从多种数据源获取数据，可以使用诸如 map、reduce、join 和 window 等高级函数进行复杂算法的处理，最后还可以将处理结果存储到文件系统。[42]

智能实时计算中心架构如图 4-6 所示。

4.5.5 构建智能挖掘算法中心

在智能数据挖掘中，将分析和计算框架分为数据层、算法模型层和使用层。

数据层：主要解决数据的采集、调度、存储等问题，该层采用 Hadoop 框架搭建整体的计算、存储框架，保证系统的高效计算以及可靠存储，采用分布式框架，可保证系统的横向扩展和持久运行。

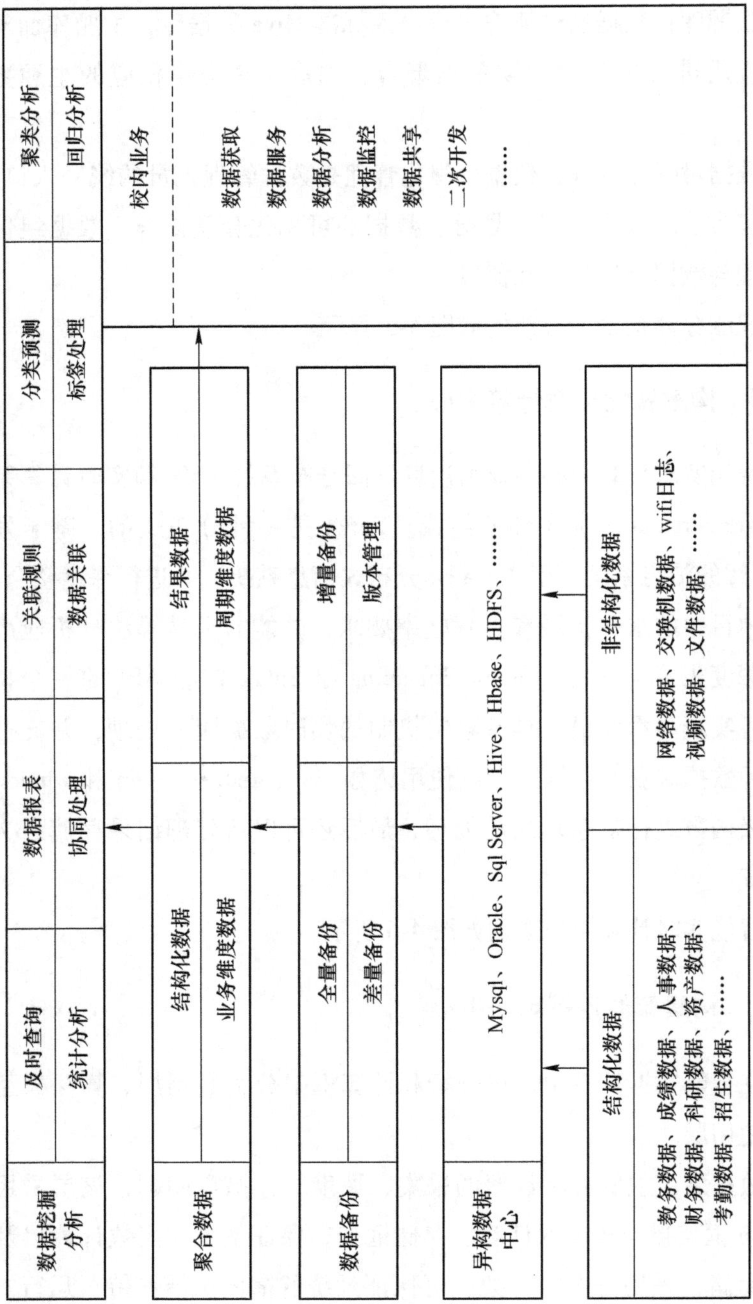

图 4-5　智能存储检索中心架构

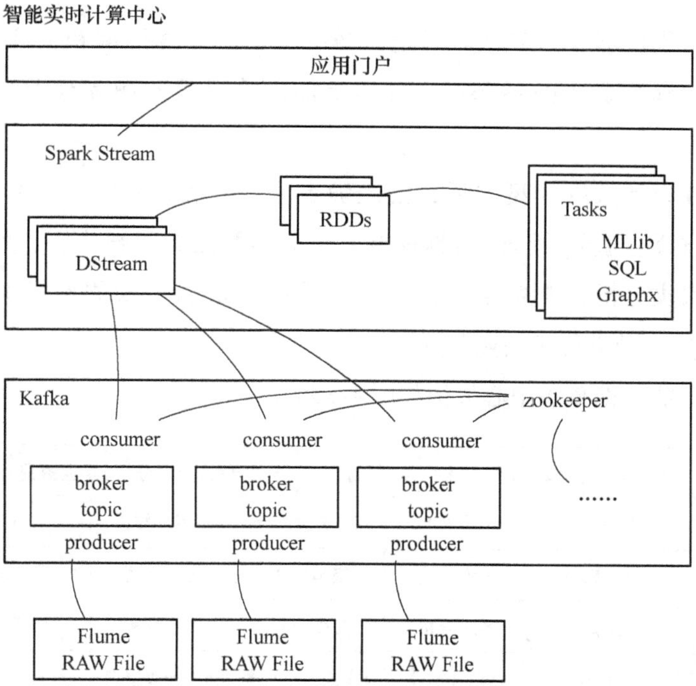

图 4-6 智能实时计算中心架构

Hadoop 框架中特有的并行计算和调度能力，保证了整个平台实现实时计算和实时交付的功能。

算法模型层：主要是实现不同计算效果、匹配不同模型的算法库。在整个大数据系统中，常见的功能算法有时序分析、关联和推荐、关联规则发现、连续模式发现、深度机器学习、统计、分类、聚类、回归、判别等算法，学校可根据自身需求定制出所需的大数据算法库。

使用层：主要针对前端业务应用效果，开发对应的开放接口，对接相关的模型算法，计算和呈现相关的结果。使用层提供机器学习算法库，包含聚类分析、分类算法、频度关联分析和推荐系统在内的常用机器学习算法。通过大数据平台的深度挖掘和关联分析，为全校师生员工及各部门、各学院提供数据服务和综合数据分析服务。

在设计数据模型之后，已经确定业务概念、变量、业务规则，还需选择合适的算法。数据挖掘中常见的算法有回归分析、关联分析、聚类分析、孤立点分析等。数据模型根据学校关键绩效指标（KPI）自动进行相关业务分析。

智能挖掘算法中心架构如图 4-7 所示。

<table>
<tr><td rowspan="8">智能数据挖掘算法中心</td><td rowspan="2">使用层</td><td>画像分析</td><td>决策分析</td><td>精准推荐</td><td>行为预警</td><td>异常识别</td><td>个性分析</td><td>学业预警</td><td>……</td></tr>
<tr><td>Sql 接口</td><td>WEB 接口</td><td>IDE 开发环境</td><td>多语言接口</td><td>……</td></tr>
<tr><td rowspan="4">算法模型层</td><td>统计算法</td><td>分类算法</td><td>聚类算法</td><td>回归算法</td><td>遗传算法</td></tr>
<tr><td>采样算法</td><td>时序分析</td><td>关联分析</td><td>判别分析</td><td>因子分析</td></tr>
<tr><td>决策方法</td><td>自定义插件</td><td>分布式执行引擎</td><td>算法计算接口</td><td>Python</td></tr>
<tr><td>深度机器学习</td><td colspan="2">Spark 机器学习算法库</td><td>频度关联分析</td><td>……</td></tr>
<tr><td rowspan="2">数据层</td><td colspan="5">连接器—连接数据源的 SQL 接口</td></tr>
<tr><td colspan="5">Hadoop、 Stream、 STORM、 Java、 Spark、 ……</td></tr>
</table>

图 4-7　智能挖掘算法中心架构

4.5.6　构建智能数据管理中心

数据管理的基本原则是数据可用、操作简单、安全可靠、管理规范。智能数据管理中心主要对大数据平台的数据从查询、元数据、分类、文件等方面进行安全、可用、便捷管理。

大数据平台提供对整体存储库中的元数据进行统一的管理，统一管理存储于大数据平台的全部 Hive 库的元数据，查看 Hive 库表的字段、类型、注释，查看 Hive 库表的详细信息，如创建用户、创建时间、大小以及详细存储信息等。文件管理是对大数据底层存储系统的抽象，屏蔽了底层存储系统的繁琐细节，用一种简单的逻辑结构呈现。平台提供对整体存储库中的文件进行统一的管理，利用大数据强大的计算和存储能力，提供更好的文件管理功能，可以更方便地存取数据。

智能数据管理中心架构如图 4-8 所示。

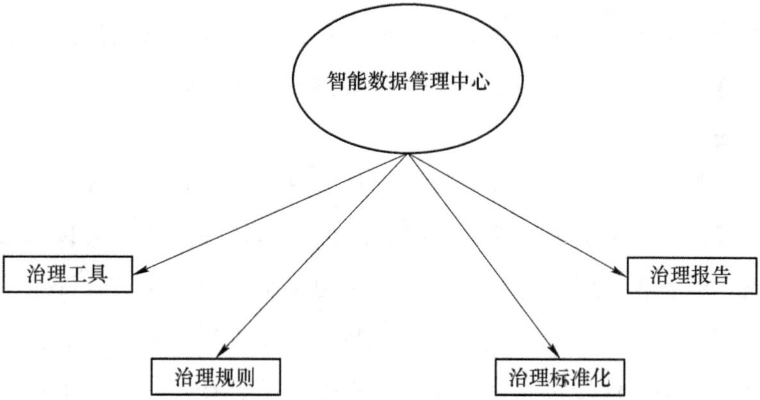

图 4-8 智能数据管理中心架构

4.5.7 构建智能数据安全中心

智能数据安全中心主要从数据访问安全和中心数据可靠性保证两方面来确保数据的安全。但早期的 Hadoop 版本并不存在安全认证一说，一般在默认集群内的所有节点都是可靠的和值得信赖的，用户与 HDFS 或者 M/R 进行交互时并不需要进行验证，这就会导致存在恶意用户伪装成真正的用户或者服务器入侵到 Hadoop 集群上，恶意的提交作业，修改 JobTracker 状态，篡改 HDFS 上的数据，伪装成

NameNode 或者 TaskTracker 接受任务等。尽管在后面的版本中，HDFS 增加了文件和目录的权限，但是并没有强认证的保障，这些权限只能对偶然的数据丢失起保护作用，恶意的用户可以轻易地伪装成其他用户来篡改权限，致使权限设置形同虚设，并不能够对 Hadoop 集群起到安全保障。

在 Hadoop 中加入 Kerberos 认证机制，Kerberos 可以将认证的密钥在集群部署时事先放到可靠的节点上。集群运行时，集群内的节点使用密钥得到认证，只有被认证过的节点才能正常使用，企图冒充的节点由于没有事先得到的密钥信息，无法与集群内部的节点通信，这就防止了恶意的使用或篡改集群的问题，确保了集群的可靠性和安全性。

大数据系统需严格在数据、角色、进程、管理、资源这五大方面全面保障数据资源安全，增强系统的身份认证和权限管理的安全策略，以防止数据被盗窃的风险。采用关系数据提供有效安全手段防止非授权用户的非法侵入，保证数据的正确性和稳定性。主要包括严格的用户管理机制、敏感字段数据加密、日志与安全审计等必要的安全策略。大数据分步式存储、数据仓库并行的模式将数据加载在大数据管理平台，依据相关规范，制定合理的数据存储以及异构数据的关联，对数据可细化到字段级别的安全策略。

智能数据安全中心架构如图 4-9 所示。

4.5.8 构建智能数据运维中心

智能数据运维中心主要功能在于对整体的大数据平台管理及运维，涵盖了对数据平台架构、数据仓储、权限控制等方面的功能，同时对建模分析控制、标准接口等方面进行管理和控制。提供严格安全审计及用户和权限管理，提供对用户、用户组和角色信息的查

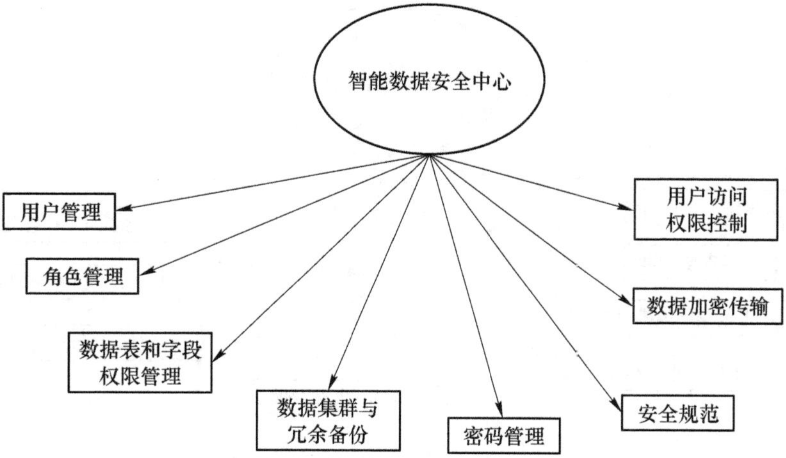

图 4-9 智能数据安全中心架构

看、添加、删除等操作，可对用户分配用户组和权限，支持字段级别的数据加密和权限分配，权限类型包括操作权限和只读权限。

大数据平台集群化管理为整个大数据运行平台集群提供整体的管理和运维，包含对平台集群的主机进行添加删除节点等操作，实时控制平台集群的运行性能。同时，提供对整个环境的运行组件和服务组件进行管理和监控。监控大数据平台集群的健康情况，对设置的各种指标和系统运行情况进行全面监控。平台提供了对平台故障的诊断和恢复，及时发现平台运行故障并提出解决建议；平台同时提供了对 Hadoop 生态系统和基本组成进行整合和管理功能。

智能数据运维中心架构如图 4-10 所示。

4.5.9 构建智能统一 API 中心

智能统一 API 中心提供了针对大数据平台中的数据存储调用、访问，以及应用开发的统一标准接口，开发人员可通过使用相应的

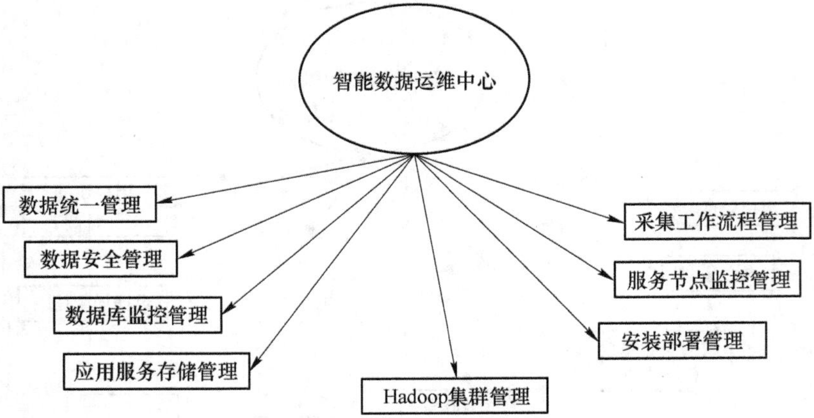

图 4-10　智能数据运维中心架构

接口对平台进行扩展开发。数据访问接口采用统一的标准接口，封装屏蔽由于语言和工具差异导致的接口差异。开发者只需要通过统一的访问模式即可访问平台数据，进行二次开发。同时，支持用户使用 Python、Java 等多种开发语言访问数据存储平台。

智能统一 API 中心架构如图 4-11 所示。

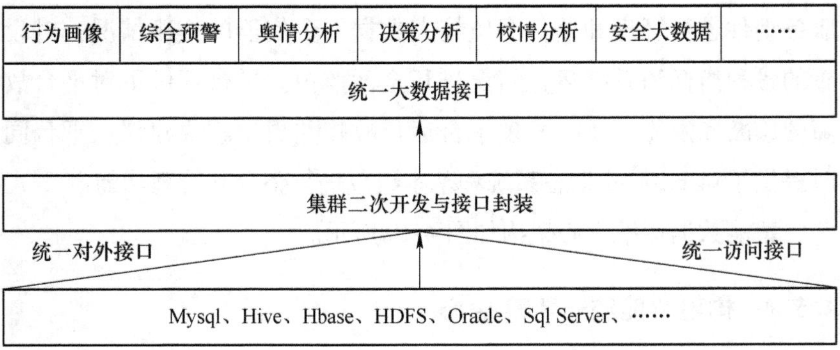

图 4-11　智能统一 API 中心架构

4.6 智慧校园建设内容及应用

根据智慧校园总体架构，智慧校园建设内容主要包括基础设施层、支撑平台层、应用层、应用终端层和技术规范及安全保障体系，每一部分又由若干子功能块构成。

4.6.1 基础设施层建设

夯实网络基础，构建智慧校园软硬件环境。对现有设备及技术进行整合升级研究，应用智能终端设备及智能技术搭建智能传感网、建设云服务平台、优化基础设施运维，逐渐达到智慧校园所需的软硬件环境要求。智慧校园基础设施建设是智慧校园平台的基础设施保障，为智慧校园的各种应用提供基础支持，为教育大数据进行大数据分析与数据挖掘提供数据支撑，该层主要包括智慧校园基础和云服务两方面。

4.6.1.1 智慧校园基础建设与应用

智慧校园基础主要包括网络基础设施、智慧教育与教学基础设施、基础设施运维平台、智能感知基础、计算资源设施、存储基础设施、安防监控设施、公有云资源设施等。

A 网络基础设施建设与应用

2001 年，教育部发起“数字化校园”建设项目，我国高等学校于 2008 年已全部建成了校园网络，并全面应用于教育教学、科学研究、管理服务等方面。期间，中小学校、职业学校也在加速推进数字化校园建设。教育部发布 2019 年工作要点指出：“实施教育信息化2.0行动计划，研究中国智能教育发展方案。推进学校联网攻坚行动，力争全国中小学互联网接入率达到97%以上、出口带宽达到100Mbps（兆/秒）以上。”2019年8月28日，李克强总理主持召开国务院常务会议，会议要求：“加快建设教育专网，到2022年实现所有学校接入快速稳定的互联网”。[32]

在国家政策的大力支持下，各级各类学校网络基础设施建设取得了巨大成效，随着网络技术的不断升级，接入带宽不断提速，很多学校都建成了百兆网络、千兆网络，甚至万兆网络；很多学校已实现有线网络和无线网络全覆盖，校园网络实现多线路出口；建设标准化、规范化、技术领先、高安全性的数据中心机房，配合综合基础管理平台实现自动化管理。

各学校在网络基础设施建设方面取得了巨大成绩，能满足数字化校园建设阶段需求，但仍不能完全满足智慧校园建设的新需求，在充分考虑前沿技术及未来发展趋势的基础上，各学校应从学校及师生规模、校区布局、人力物力、资金支持等方面进行智慧校园基础设施的全面规划，建设既满足现有业务需要，又能支撑未来业务和功能扩展的高可用智慧校园基础设施。在智慧校园基础设施规划中，要设计灵活健壮的网络拓扑结构、科学的网络布线、先进的数据中心机房、性能良好的网络设备以及计算终端设备、合理规划设计智能系统等。

学校可联合网络运营商，对学校无线WIFI，有线网络，手机4G（5G）进行整合，实现统一接入、统一管理，提高用户体验。

B 智慧教育教学基础设施建设与应用

（1）构建智慧教室。智慧教室是利用多媒体技术、网络设备，辅以电子白板、高清跟踪摄像机、音频处理设备、智能终端等构建的智慧教学环境。智慧教室是一种新型的教育教学形式和现代化的智能教学手段，是基于物联网技术集智慧教育教学、人员考勤、课堂教学录播、资产管理、环境智慧调节、视频监控及远程控制于一体的新型现代化智慧教学系统，是推进未来学校建设的有效组成部分；智慧教室以智能化、互动性、感知性、开放性、易用性等为核心特征，通过各类智能装备辅助教学内容呈现、便利各种学习资源的获取、促进交互课堂的开展，实现情境感知和环境管理功能，为教学活动提供人性化、智能化的互动空间；通过物理空间与数字空间的结合，本地与远程的结合，改善学习者与学习环境的关系，在学习空间实现人与环境的自然交互，促进个性化学习、开放式学习和泛在学习。[33]智慧教室支持主流的移动智能终端，支持校内外智能化、个性化访问，营造良好的智慧学习环境。

（2）构建智慧在线学习平台。提供教学、学习和管理的“一站式”教育教学服务，能灵活嵌入各级各类教育资源的公共服务平台，实现与多种信息化平台对接，利用教育大数据深度分析学生在校学习期间的学习生活轨迹，进行数据量化与标准化，提供学生群体个性化分析大数据报告；利用教育大数据深度分析教师教育教学活动，对其进行分析与评估，生成教师的教学质量报告；利用教育大数据对学校软硬件资源进行分析，建立学校常态化周期性自我诊断机制，促进学校的教学能力持续提升与发展。

（3）构建智慧课堂。以智慧环境和智慧在线学习平台为基础，以资源为支撑、以服务为导向、以课程为中心、以教师为主导、以学生为主体，以资源建设为核心，集成网络教学、师生交流互动、答疑和管理等功能。包括以课程为主线，高度整合校内外的所有资源；以课程为中心，展开作业、考试、答疑、讨论、评价等互动教学活动，充分发挥平台在教与学活动中的作用。通过智慧课堂，对课堂内的学习、教学、科研、管理和生活服务等所有相关的教育教学信息资源进行整合、集成和全面的数字化，以构成统一的用户管理、统一的资源管理和统一的权限控制，实现智慧课堂教学。

C 基础设施运维平台建设与应用

平台集成所有服务器设备、网络设备、智能终端等基础设施，经过信息化方式实现一体化的自动化管理，集预警、报警、短信提醒、远程监控为一体的智能运维平台，实时掌握设备的运行状态和周围环境状况，研究平台运维管理智能化建设，监控学校网络设备、服务器、虚拟主机、数据库、中间件、应用系统、机房环境，网络拓扑管理及故障分析等，能快速定位设备故障，提供自动修复功能或智能给出故障解决方案。

D 智能感知基础建设与应用

感知智能是指将物理世界的信号通过摄像头、麦克风或者其他传感器的硬件设备，借助语音识别、图像识别等前沿技术，映射到数字世界，再将这些数字信息进一步提升至可认知的层次。[34]

近年来，随着信息化技术的快速发展，大数据、物联网、云计算、人工智能等技术的应用越来越广泛，智能感知技术也得到了快速发展，智能感知技术逐渐在各行业被得到认可和使用，比如环境感知、位置感知、状态感知、身份感知、行为感知、图像识别、语音识别、生物识别（人脸识别、指纹识别）、智能搜索、生活预测、人机交互等。

在智慧校园建设中，我们要重点研究节能监测系统建设，对校园水、电、气等的运行状况进行监测、对楼宇节能进行监控、对楼道、教室、道路灯光自动调节控制等，为学校智慧教育提供全面监控管理。

E 计算资源设施建设与应用

计算资源一般指计算机程序运行时所需的CPU资源、内存资源、硬盘资源和网络资源[35]。建设虚拟化计算资源池，整体计算物理核心、逻辑处理单元、运行内存可根据学校实际业务需求进行配置，配置虚拟网络总线实现万兆，提供数据库、应用、中间件等底层资源支持，可实现计算资源的无缝转移和有效利用。研究服务器虚拟化、存储虚拟化建设，为学校各级部门提供云计算资源，为师生提供云存储服务。

F 存储基础设施建设与应用

建设大容量存储资源池，重要区域使用双机光存储保障各系统的安全和性能，另外配合虚拟化存储池以及大容量独立网络存储实现大数据量教学资源的存储。如应用虚拟化技术构建云桌面，为师生提供网络存储空间。

G 安防监控设施建设与应用

结合学校安全保卫工作实际需求，安防监控建设项目以高清视频监控为应用基础，总体规划布局，有序实施、平稳过渡，最大限度保护学校资产和师生员工的生命财产安全。

建设一套技术先进、系统稳定，以大安全大数据理念，集成包含治安监控、安全预警、交通管理、调度指挥、舆情管理、安全宣导、系统安全等功能的安防监控系统，真正做到事前有效预防、事中有效控制、事后有效取证，将各种资源进行有机融合，形成人、物、事的安全管控管理闭环，充分利用现代信息技术提高校园综合安防监控与管理能力。

安防监控系统主要功能包括：网络与传输系统、视频监控系统、交通管理系统、安全预警系统、应急调度指挥系统、安全宣传系统，功能覆盖整个校园的治安监控、智能行为分析、智能感知管理、校园车辆出入口管理、校内车辆超速抓拍、安全预警物联网监测、重要设备物资监管、应急可视立体指挥、安全教育与引导信息发布等，同时通过打造安全智能准入管理、行为日志记录管理等安全管理系统提升安保系统工作管理水平，加强安保系统安全能力。系统中各子系统子模块在综合安防管理平台下互联互通，统一管理。

安防监控系统可按应用场景配置设备，采用高像素高清摄像机，具备红外夜视功能，具备前端区域入侵、拌线入侵、场景变更等智能分析功能，并且与报警、智能感知模块进行联动，保证图像传输。系统功能调度方式联动视频监控系统，实现报警联动功能，如：自动弹出报警点附近关联的摄像头监控画面。

安防监控系统可实现智慧安消资源管理、重点区域环境及设施设备运行状态物联网采集、出入口应急人员疏散执行管理、安全大数据分析及预警应用、应急调度指挥等功能。在校园重点区域环境及重要设施设备运行状态进行物联网数据采集。该系统具备对校内各类安消主机设备进行信息联网融合，能够对消防报警探测器，对告警和故障等数据进行实时采集；具备对管网水系统管道水压等数据的实时采集和分析、压力异常报警；具备对蓄水箱池液位状态的实时采集和分析；具备对弱电井等高风险位置区域安消探测器的告警和故障信息的实时采集和分析，实现安消自动报警、警笛警号联动、区域视频联动；具备建筑物滞留人员和疏散通道人流情况探测的数据实时采集、分析、告警。该系统还应具有安全大数据分析及预警功能，实现综合智慧安消资源管理信息、重点区域环境及设施设备运行状态物联网采集和人员分布与人流疏散情况进行数据实时查询和多维度分析，建立安消预警分析标准库和预警预判模型。

安防监控系统具备通过告警发生率和处置率、故障的发生率和处置率、安消物质资源的完好率进行时间维度、区域维度等多维度的灾害和处置能力预警分析；可以对消防报警进行统计，分析最易触发火警的区域，从而进行重点监控；具备对人员日常工作闭环监督管理数据分析，实现安消工作执行力综合分析；生成各类报表，以曲线图、直方图或饼图形式进行分析结果的图形化综合呈现；具备在电子地图上呈现告警、故障、资源资产等与位置有关的指挥调度参考信息功能。

安防监控系统具有物联网智能感知功能。通过前端物联网设施设备的数据采集，对人、设施设备、区域环境的信息进行采集与管理；通过物联网技术实现对校园内人员活动状态的感知和联动，能够获取人员分布统计、人流统计等状态数据，支撑重大节假日、重大群体事件、重要校内活动的人群管理，支撑安全管理和应急疏散预案执行和效果评估；通过物联网技术实现对校园内资源设施设备运行状态的感知和联动，能够获取灾害告警和故障数据，如水资源储备或水资源质量等，支撑安全预警建模分析；通过大数据和移动互联网技术实现对校园内高危区域环境状态的安消感知监测和联动，如易燃易爆或危害人员安全的气体环境等，支撑安全预警建模分析；通过远程联网监测协议转译和联动，实现对校园内主要建筑体安消主机设备运行监测，支撑安全预警建模分析。

安防监控系统能视频监控覆盖校园，重点区域实施多角度监控，具备夜视功能；建有集中监控中心和监控调度屏幕墙，能通过校园数字广播系统实现对监控区域喊话警示；具备门禁管理功能，对学生生活区等重点区域应配备智能报警设备；具备智能面部识别功能。

H　公有云资源设施建设与应用

为学校调用公有云资源提供软硬件支撑环境，如服务器设备、存储设备、网络环境等。

4.6.1.2　云服务

云服务包括私有云服务和公有云服务。私有云服务主要提供数据库服务和虚拟服务器服务，数据库与服务器是智慧校园海量数据汇集存储系统，数据库包括业务数据库、中心数据库、数据仓库等，服务器包括应用服务器、文件服务器、资源服务器等。公有云服务实现调用公有云上的资源与服务。

A　私有云服务

私有云是学校自己建设的云服务，因而能提供对数据、安全性和服务质量的最有效控制，学校拥有私有云所有的资源。

（1）业务数据库。业务数据库是记录业务操作的过程数据；提供业务查询、统计等数据；为运维提供业务查询、统计等数据运维服务；向中心数据库提供共享视图；接收从中心数据库分发的其他业务数据。

（2）中心数据库。通过数据总线集成各信息系统的共享数据，并根据应用需求和权限配置将共享数据及时分发到相应信息系统；具备对非标准数据的格式转换和数据清洗功能；负责信息编码标准的管理和执行；提供数据运维管理支持；具备统计分析功能。

（3）数据仓库。数据仓库是在企业管理和决策中面向主题的、集成的、与时间相关的大容量的和不可修改的数据集合，为企业提供数据挖掘和决策支持的系统；能为企业提供智能化的业务流程改进、智能控制时间管理、成本管理及质量管理。通过抽取、清洗集成校内核心信息系统数据，按不同的主题组织系统数据，实现自动化管理与数据的高效访问。

（4）应用服务器。为降低成本，节约能源，可把高性能服务器进行虚拟化设置，一台服务器可映射成若干虚拟服务器，应用服务器使用虚拟化计算资源，动态分配应用服务器，可根据应用的计算要求调整计算能力，可根据应用结构实时负载分配，可根据系统要求提供各种操作系统的底层支持。

（5）文件服务器。使用虚拟化存储资源池，可动态调整文件服务器的存储能力，可实现在多个不同类型的存储池中迁移，可配合应用服务器实现独立的文件读取上传功能。

（6）资源服务器。建设独立的资源服务存储池，根据教学资源、图书资源、视频资源的特点采用大容量的专用存储实现资源存储。实现学校大资源的专门化存储。

B　公有云服务

公有云服务通常指第三方提供商为用户提供的能够使用的云服务，公有云服务一般通过 Internet 进行资源访问使用，公有云服务的核心属性是共享资源服务，公有云服务实现学校调用公有云上的资源与服务[36]；学校根据信息化建设需求，实现按需购买公有云服务资源，如云计算资源等。

4.6.2　支撑平台层建设

支撑平台层是智慧校园的核心层，为智慧校园的各类应用提供驱动和支持，包括数据中台和服务中台两部分。

4.6.2.1 数据中台

数据中台主要解决的是教育数据“存、通、用、智”的问题，通过采集留存在各设备、各系统中的数据，打通各部门的数据孤岛，进行全局数据运营，为各部门提供数据分析和挖掘支持，建设智能场景应用。数据中台主要包括数据交换、数据处理、数据服务等。

A 数据交换

数据交换是将分散建设的若干应用系统或设备所产生的数据进行整合，提高信息资源的共享与利用率。通过计算机网络构建的数据交换平台，保障分布异构系统之间互联互通，通过数据交换实现各类数据在大数据中心汇集，进一步实现数据的抽取、清洗、集中、加载、传播和展现，以构造统一的数据处理和交换模式。

通过梳理、分析各类业务需要的数据交换流程，按照执行标准、权威数据、过程数据的分类对交换流程进行划分，坚持数据“谁产生、谁维护”的原则，制订学校的信息采集、交换和共享的统一标准。为各应用信息系统之间提供数据交换的统一通道，使数据交换达到准确性、高效性以及畅通性，最终实现数据的交换与共享，为学校大数据中心提供一个可靠的数据采集通道。既能实现数据的实时、定时、轮循、心跳、批量、增量采集，还能实现消息、数据的实时推送，也可为学校“一站式”服务平台提供实时的数据交换服务。数据交换平台支持非结构化的课件、文本、图片、音视频等资源的采集，为资源数据仓库提供统一的数据交换和共享机制。

通过数据交换平台，实现不同系统、不同结构的数据通过数据交换平台和公共数据平台很好地进行连接，充分数据共享，这大大提高了学校各方的办事效率。通过数据交换平台实现数据整合、构建数据容灾平台，保障数据安全、应用大数据分析，促进数据流转与共享，方便用户获取信息；通过数据交换平台与校园感知平台实现信息自动采集，提高采集的准确性和可靠性，建立全校统一的信息资源标准，为其他业务系统提供标准数据格式。在数据交换平台实时交换下，从各自独立的业务数据库抓取学校核心数据、重要数据，汇聚到大数据中心库，为学校发展决策提供数据分析夯实基础。

数据交换主要包括：数据存储、数据汇聚与分类、数据抽取、数据推送等。

（1）数据存储。将产生的结构化数据和非结构化数据持久地存储在计算机内部或外部存储介质上，数据存储反映系统中静止的数据，表现出静态数据的特征。

（2）数据汇聚与分类。数据汇聚是把具有共同属性或特征的数据归并在一起，通过其类别的属性或特征来对数据进行区别；把具有相同内容或相同属性的信息以及需要统一管理的信息放在一起，而把相异的或需要分别管理的信息区分开来，然后确定各个集合之间的关系，形成一个有条理的分类系统。

（3）数据抽取。数据抽取是从源数据中抽取数据的过程，即从源数据系统抽取目的数据系统需要的数据的过程[37]；数据抽取的方式包括：全量抽取、增量抽取。

（4）数据推送。根据特定的业务，将校验完的数据推送到预定的系统，以便完成后续的业务流程。

B 数据处理

数据处理的基本目的是从大量的、可能是杂乱无章的、难以理解的数据中抽取并推导出对于某些特定的人们来说是有价值、有意义的数据。[38]数据处理包括数据挖掘、大数据分析、数据融合和数据可视化等。

（1）数据挖掘。数据挖掘是指从大量的数据中通过算法搜索隐藏于其中信息的过程。数据挖掘也称数据库中的知识发现，是对数据的深层次分析，采用自动或半自动化的方法在数据中抽取隐含的、未知的、潜在的、有价值的信息和规则。数据挖掘技术主要应用于数据分析和决策支持。数据挖掘的基本步骤包括：分析数据、整合数据、建立模型、理解规则、实施应用、预测未来等。提供针对于教育行业关于学习、教学、管理、日志、互联网数据等数据的特定算法及模型库，以及针对高校开发的成绩标准换算、成绩预测分析算法、协同过滤推荐等行业算法库。

（2）大数据分析。通过实时监测、跟踪研究对象所产生的海量数据，通过加工、整理和分析，使其转化为有用信息，并进行数据挖掘分析，发展出有规律性的东西，通过关联分析，最终得出研究结论和对策。

（3）数据融合。数据融合是将多信息源的数据和信息加以联合、相关和组合，以便获得更大的数据价值。

（4）数据可视化。借助于图形化手段，清晰有效地传达与沟通信息，将数据库中每一个数据项作为单个图元元素表示，大量的数据集构成数据图像，同时将数据的各个属性值以多维数据的形式表示，可以从不同的维度观察数据，从而对数据进行更深入的观察和分析。

C 数据服务

数据服务包括数据安全服务、数据报表服务、数据共享服务等。

（1）数据安全服务。通过采用各种技术和管理措施，使网络系统正常运行，从而确保网络数据的可用性、完整性和保密性，确保经过网络传输和交换的数据不会发生增加、修改、丢失和泄漏等。同时通过严格的授权角色及权限控制功能，保证平台及数据安全。通过结合数据多副本、数据加密技术、加密传输技术等保证平台的安全访问及可靠保证，并同时建立规范化的安全访问体系。

（2）数据报表服务。提供表格、图表等格式来动态显示数据。

（3）数据共享服务。建立统一的数据交换标准，规范数据格式，并建立相应的数据使用管理办法，使各系统尽可能采用规定的数据标准，实现数据在各系统中畅通流转，实现真正的数据共享。

4.6.2.2 服务中台

服务中台是构建具有独立的高内聚低耦合的微服务模块中心。它主要实现具有安全性、开放性、可管理性和可移植性的中间件和服务接口等，同时以微服务的架构模式实现各种平台包括身份认证、统一门户、微应用（微服务）、权限管理、菜单管理、访问控制等。

服务中台设计原则：以教育大数据为核心，围绕核心业务进行整体设计，重点是明确业务规则和逻辑实现。

服务中台主要包括接口服务和支撑平台两部分。

A 接口服务

接口服务是智慧校园实现安全性、开放性、可管理性和可移植性的中间件，如 API 接口、B/S 接口、C/S 接口以及一些个性化接口等。[43]

（1）API 接口。基于数据中台对基础性数据的处理结果提供统一的本地调用接口，并约定所有本地接口的调用规范、调用模式、调用数据格式等，实现在不同平台、不同开发语言下的统一调用接口。

（2）B/S 接口。基于数据中台对基础性数据的处理结果提供统一的 Web API 接口，全面支持 RESTfull、SOAP 等协议，实现 Json、Xml 等多种交换格式，约定所有 B/S 接口的调用规范、调用模式、调用数据格式等，实现统一调用接口。

（3）C/S 接口。基于数据中台对基础性数据的处理结果提供统一的 C/S 调用接口，实现基于 Socket、RPC、Web Socket 等常用协议的接口，并约定所有接口的调用规范、调用模式、调用数据格式等，实现在不同平台、不同开发语言下的统一调用接口。

（4）个性化接口。基于数据中台对基础性数据的处理结果及具体业务需求提供个性化的接口。

B　支撑平台

支撑平台包括身份认证平台、统一门户平台、微应用（微服务）平台、敏捷流程再造与应用中心、权限管理平台、菜单管理平台、访问控制平台等。

（1）统一身份认证平台。统一身份认证平台是学校统一、开放、安全的授权认证平台，是为用户提供“一站式”服务的基础和前提。学校可以根据自身特点和条件设计统一认证方案，如 IP 认证、第三方系统认证等。通过身份认证平台进行系统集中，实现用户角色和组织机构统一的权限管理，实现校内各种应用系统间跨域的单点登录即用户只需登录一次即可访问集成的所有资源，而不需重复登录。统一认证平台包括身份认证、用户管理、权限管理、目录服务、审核管理、认证集成等。通过统一身份认证平台，实现用户、认证和权限的统一管理。

（2）统一门户平台。统一门户平台将各种应用服务、数据资源和互联网资源集成到统一的平台，实现跨系统的、异构的数据资源的统一集成，为学校各类用户群提供快速准确地获取有效信息的入口。

（3）微应用（微服务）平台。基于数据中台，建设“大平台+微服务（微应用）平台”，为微应用（微服务）开发提供业务支撑。

（4）敏捷流程再造与应用中心。通过敏捷流程再造和应用中心，实现对应用资源的二次利用，根据业务需求快速实现流程修改与再造、业务创新、持续交付。未来建设的系统都能顺利接入到智慧校园软件大平台，实现与整体框架的集成对接。

（5）权限管理平台。通过统一的权限管理系统，集中对用户进行管理。根据系统设置的安全规则或者安全策略，用户可以访问而且只能访问自己被授权的资源。

（6）菜单管理平台。通过统一的菜单管理系统，根据用户组需求，可灵活勾选或取消其可访问的菜单选项。

（7）访问控制平台。访问控制可有效地防止未授权的用户对资源进行访问，从而保证设备或系统是在合法的范围内使用。访问控制通常用于系统管理员控制用户对各种资源的访问。

4.6.3 应用层建设

应用层是智慧校园应用与服务的具体体现，在支撑平台层的基础上，构建智慧校园的环境、资源、管理和服务等应用，为师生员工及社会公众提供各类服务，包括智慧教育教学应用、智慧管理应用、智慧服务应用、智慧科研应用、微应用（微服务）、网上办事大厅、决策支持等[43]。

4.6.3.1 智慧教育教学应用

依托实体的教育教学环境、虚拟的教育教学环境或虚实相结合的混合教育教学环境，为学校智慧教育教学提供智慧服务，主要包括智慧教学平台和智慧教育教学资源。

A 智慧教学平台

智慧教学平台是智慧校园的核心业务应用平台，是智慧化学习、教学环境，是实现信息技术与教育教学深度融合、促进教育理念和教学方式的深刻变革、提高教育教学质量的基本手段。

（1）智慧课堂教学应用。智慧课堂是基于动态学习数据分析和“云、网、端”的运用，创建智能、高效的智能课堂环境；以教室为单元的高密无线局域网环境，支持跨系统的移动终端设备无线投射到教室的投影仪、大屏幕或学生手持设备中，实现全体师生在教室内高速、高效完成无障碍的交互；根据角色不同，建立教师和学生类型移动终端，教师端提供教师进行智慧教学的基本工具，实现备、教、改、导、考、管的全场景教学应用服务；学生端为学生提供学习工具、任务工具、交互工具和考试工具等多种学习应用，并能够接受教师端的组织及控制。[44]

智慧课堂具备如下功能：

1）在线备课功能。教师通过智慧在线平台可以在线设置课程、创建课程、设置学分考核机制和课程展示模板等，学生通过智慧在线平台可以实现在线学习、在线阅读、在线提问、在线作业、在线考试、在线互动；学校管理者通过智慧平台可实现对师生的教育教学活动进行监管、学分审核、学分授予等。

在线备课功能可实现：①课程共建。支持多人共建一门课程，支持师资共用即在教学平台中的教师可相互选择组织课程开发团队，成为课程共建人。②辅助教学功能。为了减轻教师的教学工作量，提供简单易用的慕课制作工具，为教师提供辅助教学功能。③快速建设功能。通过选择模板、编辑课程信息、编辑课程章节内容，实现快速建课。

2）课堂线上互动功能。支持师生在课堂上使用教室屏幕广播、师生多屏互动、小组讨论多屏互动等功能。实现屏幕广播、课堂细节展示、定向学生示范；笔记本电脑、智能终端等设备与平板投影仪多屏互动等功能；实现课堂问答、课堂测验、课堂抢答、课堂投票、随机选人、资源调用等功能。

3）课堂信息采集功能。智慧课堂可以完整的将课堂测验记录、考勤记录、屏幕录制、课堂笔记、授课 PPT、教学资料等数据进行采集整理及自动归类，通过大数据分析，形成一套可用的高质量课堂教学资源，并上传到学习平台，可对资源设置访问权限并在一定范围内共享。

4）课程资源。智慧课堂可通过备课系统进行课堂授课，教师可在课堂上直接使用备课系统中已经创建好的课程及资源，包含课程章节内容、作业模块、考试模块、资料模块、学生管理等内容。老师在课堂上，可以随时调用平台中事先准备好的教学内容，实现课前、课中、课后的连贯性。[45]

5）云盘资源。教师的个人云盘可以直接对接智慧课堂平台，教师可以随时随地调用云盘资源，支持常规文档格式的在线预览功能，下载过的资源自动缓存到本地，避免大文件反复下载，节省时间。[45]

6）教案资源。教案是专门针对课堂而存在的一个功能模块。教师备课时，可以使用不同的终端对某一课堂所需的资源进行访问，经过资源编辑最终生成课堂所需的教案资源。教案资源内容包括：文字、视频、图片、教学互动控件等；课堂上，可以灵活使用教案资源进行教学，同时，如果课堂临时发起的一些课堂活动，也可以以教案资源的形式进行保存上传，以便用于以后堂课的重复使用。[45]

7）题库、试卷库资源。智慧课堂支持题库共建，在课堂上或课外，教师可随时从题库或试卷库中调用相关内容与学生发起互动；同时，课堂上临时创建的题目也可以保存到题库中用于之后的重复使用。

8）智慧桌椅。智慧教室支持教师根据不同的教育策略、教学方法灵活地实现多模态、多组合的课堂场景模式，让教师在教育教学过程中可以顺利实现分组式研讨教学。

9）触摸式电子白板。触摸式电子白板主要由硬件电子感应白板（White Board）和软件白板操作系统（Activ Studio）集成。它的核心组件由电子感应白板、感应笔、计算机和投影仪组成。触摸式电子白板应用于教学过程可增加视觉效果、增强互动性，提高教师的教学质量，激发学生积极主动地参与教学过程、参加教学讨论、回答教师提问，能更好地激发学生的学习兴趣，提升课堂气氛。

10）课堂录像采集与课堂数据采集。智慧课堂可以和录播系统对接，录制的视频可以直接进入到智慧课堂对应系统，并通过与学习平台的对接上传到学习平台，成为课程建设的素材，方便师生随时随地调取、编辑和使用素材。[45]

智慧课堂可以完整的将课堂测验记录、考勤记录、屏幕录制、课堂笔记、授课 PPT、教学资料等数据进行采集整理及自动归类，通过大数据分析，形成一套可用的高质量课堂教学资源，并上传到学习平台按设置的权限在一定范围内共享。一方面，教师可以进行数据分析，进行有针对性的授课，另一方面，通过数据分析可以为教学的过程性评价提供数据依据。

11）课堂质量报告。智慧课堂结束之后，会形成一套课堂质量报告。智慧课堂系统可以对课堂教学活动全过程作完整的记录，可以对课堂的教学情况一目了然。智慧课堂系统能够统计、分析、监控课堂中所有的教学活动，最终形成一套课堂质量报告，进一步方便学校管理。所有的统计数据均支持列表化与图表化，同时支持原始数据导出，方便学校做个性化的课堂统计分析。

（2）智慧在线学习平台应用。提供教学、学习和管理的“一站式”教育教学服务，能灵活嵌入各级各类教育资源的公共服务平台，实现与多种信息化平台对接，利用教育大数据深度分析学生在校学习期间的学习生活轨迹，进行数据量化与标准化，提供学生群体个性化分析大数据报告；利用教育大数据深度分析教师教育教学活动，对其进行分析与评估，生成教师的教学质量报告；利用教育大数据对学校软硬件资源进行分析，建立学校常态化周期性自我诊断机制，促进学校的教学能力持续提升与发展。智慧在线学习平台应用将打破教学时空限制，实现‘人人皆学、处处能学、时时可学’的学习型社会。

（3）虚拟仿真实训应用。针对学校实践性教学的需要，通过建立数学模型及载体计算机系统，利用物理效应模型及设备、部分实物组成仿真实训环境，对实际系统进行仿真，对现实操作环境进行模拟，实现对真实生产过程的模拟，模仿出真实的工作环境、工作程序和动作要求。基于虚拟仿真实训系统，让学生以角色扮演的方式参与互动，学习者可通过键盘、鼠标、操纵杆、手柄等简单设备实现对操作对象的交互操作，支持模拟生产、教学实训和考核鉴定等教学活动，为学生提供在线学习、考核、交流平台，并可实现实训实习活动过程的智能监控和信息管理。[46]

B 智慧教育教学资源

智慧教育教学资源建设与应用是智慧校园建设的重要任务，也是学校开展信息化教育教学应用的基础。通过建设教学数字资源平台和共享服务平台，推进网络在线课程资源和仿真实训实习资源建设，并实现与其他共享资源平台互联互通，以丰富学校的数字资源，提升学校教育教学资源服务的能力。

（1）教学资源平台建设应用。教学资源平台以校本资源为核心，提供符合本校特色的教育教学资源，提供资源整理分类、在线预览、存储管理和应用服务等功能，支持开发教学课件、教学课程；提供微课程管理与应用服务功能；提供体系化、习题化与动态化的微课程资源服务。

（2）网络课程资源建设与应用。根据学校专业教学需要，网络课程资源主要包括网络精品课程、网络公开课、在线开放课程、网络选修课等网络课程资源。通过网络课程学习平台，支持教师对网络课程资源的上传下载、在线维护、课程在线建设等；支持学生对网络课程的检索与学习；支持在线对网络课程评审，实现对网络课程在线使用过程和效果的评价。

（3）仿真实训实习资源建设与应用。根据学校实践教学实际需要，可建设多种类型的仿真实训资源，形成丰富的仿真实训数字化资源体系，重点突出专业类仿真实训资源建设，大力构建基于互联网、虚拟现实技术的仿真实训资源，包括桌面级虚拟仿真实训、沉浸性虚拟仿真实训、增强性虚拟仿真实训以及分布式仿真实训等软件，以便大范围共享应用；探索对特定专业主干课程进行全仿真的资源建设，对无法实际体验、参与或无法实地观察的实验、实训环节，可利用仿真软件来支持实习实训的指导与训练过程，在仿真环境引导下完成学习任务。[47]

（4）数字图书和档案资源建设与应用。针对本地区、本学校特点，搭建具有本校特色的资源数字化硬件和软件平台，构建具有地区行业职业特色、学校专业特色的数字教育资源体系。利用新技术、新媒体提升数字图书服务的智能化水平，建立全校文献资源共建共享的文献集成管理系统，基于 RFID 智能识别技术构建虚拟馆藏文献定位系统，基于移动互联技术建立移动阅读系统，基于智能推送技术实现个性化服务；面向学校档案馆的核心业务，搭建档案信息采集、存储、归档、管理、检索和服务的智能环境，确保电子档案归档完整、准确、系统和快捷，提升档案管理数字化、智能化水平。[47]

4.6.3.2 智慧管理与服务应用

智慧管理应用主要满足行政管理、教学管理、科研管理、人力资源管理、资产管理、财务管理等协同办公的管理信息系统。智慧服务应用是以信息技术为手段，为教学提供基于互联网的智慧校园服务支撑体系。

智慧管理与服务平台是智慧校园业务管理和生活服务的重要平台。以网络协同办公平台为基础，通过建立智能化综合管理平台、智慧校园生活服务平台、校企合作信息服务平台，并建立学校教育大数据挖掘和分析平台，创新学校教育管理和生活服务模式，更好地服务学校广大师生和领导决策，提高学校教育信息化治理能力。[47]

A 智慧 OA 系统建设与应用

整合优化办公业务流程，以电子化的方式实现公文收发、交换和存档的管理，支持学校实现电子公文一体化运转；提供审批管理功能，基于可自定义的电子表单与图形化工作流，实现远程电子审批，满足校内各种各样的事务审批需求；提供网上事件协作办理，通过请示汇报、任务下达、信息互通、任务互助、工作协调等事件处理，形成基于信息的协作办公模式；建立移动办公系统，基于智能移动终端的移动应用，全面支持多种客户端应用，实现校内校外全天候移动办公处理。[47]

B　智能综合管理平台建设与应用

基于校园基础支撑平台和现有各类管理业务系统，进行集成化建设，提升管理的一体化、智能化水平。系统能够适应学校各类管理业务需求，利用统一的业务应用集成平台和新一代信息技术手段，建立智能化的业务管理系统，如基于数据统计分析的人事综合管理系统，基于智能排课、智能评价的教学综合管理系统，基于资源整合、知识管理的科研综合管理系统，基于物联网、智能感知、智能监控的资产设备与安全综合管理系统等，支持学校管理流程优化与再造，提升校园管理效率与管理智能化水平。[47]

C　智慧校园生活服务平台建设与应用

构建智慧化一卡通系统，实现一卡通数据传输网络化、用户终端智能化和结算管理集中化；构建智能可视化安全防范系统，建立语音视频监控、入侵报警、电子巡更等系统模块，对监控区域实现全天候的实时监控，实现远程控制和报警联动等功能；构建校园节能管理系统，应用先进的能耗监测和技术手段，完成能耗数据的数字化采集、统计和分析，有效支撑学校的节能减排工作；搭建师生健康管理服务平台，实现健康物联网、健康云平台与健康大数据资源的整合，面向个人提供多维度、多层次、一体化的健康管理服务。[47]

D　大数据决策分析平台建设与应用

建立大数据采集机制，采用“伴随式收集”方式，对教育及管理过程中产生的教育教学数据、用户访问行为数据、管理数据等统一采集、汇聚到大数据平台中，形成学校教育大数据；提供大数据治理功能，利用技术手段在数据整合过程中对数据采集、转换、加载、使用、消亡的全生命周期进行实时质量监控和定期质量审计，确保数据的完整性、及时性、准确性；提供大数据决策分析和推送应用功能，利用数据分析和挖掘技术，从不同维度对各类大数据进行相关分析，进行在线数据分析和图形呈现，为学校科学决策提供数据支撑和智能化信息推送服务。

4.6.3.3 智慧科研应用

智慧科研应用实现科研项目、科研团队、科研成果、科研奖励等全过程管理以及科研数据智能统计与分析，实现科研业务管理的信息化、网络化、智能化服务。

4.6.3.4 微应用（微服务）平台

基于教育大数据平台，建设“大平台+微服务（微应用）”的体系架构，根据当前业务需求，可以快速开发和修改需要快速响应和经常变化的应用需求，实现软件开发的敏捷化。基于微服务（微应用）平台，通过快速敏捷开发方法，快速实现学校微服务开发、部署与应用。

4.6.3.5 网上办事大厅

网上办事大厅实现日常办事网上申请、网上审批，并可实现流程的可定制化、推送智能化，实现移动办公的目的。

网上办事服务大厅以“简化、优化、便民、高效”为原则，推动部门之间服务相互衔接与联动，实现数据集中、应用整合及流程优化再造，致力于打造校园“一站式”办事服务平台。

4.6.3.6 可视化展示平台

可视化展示平台是基于校园物理环境，以真实校园整体为蓝本，利用网络技术、虚拟技术等信息化技术完成校园的可视化地理信息系统的搭建，实现校园多维度的虚拟展示和呈现，并在此基础上提供场景数据的可视化服务和智能应用的打造。

数据的可视化是对校园内的空间位置数据进行采集与业务属性数据关联，结合校园的管理、生活、科研和服务的实际需要，实现静态、动态数据接入和呈现。

通过可视化展示平台，结合场景智能应用，实现基于学校空间位置的应用打造，为校园师生提供智能化的服务。

4.6.3.7 管理预警与决策支持系统

通过全面的数据分析，给各层级领导、管理者的决策提供数据支持。利用大数据技术生成各种预警信息推送给相关人员，以便其及时掌握各种特殊情况从而迅速处理；利用各种分析统计方法和大数据技术，自动生成并智能推送领导决策需要的各种相关信息。

4.6.4 应用终端层建设

应用终端层是接入访问的信息门户，用户可以通过统一身份认证平台“一站式”门户，以浏览器或移动终端访问，随时随地共享平台资源和服务，它包括用户和接入访问两方面。

4.6.4.1 用户

用户主要包括教师、学生、管理者、社会公众等群体。

4.6.4.2 接入访问

用户可以通过网页浏览器或移动终端接入访问以获取资源和服务。

4.6.5 技术规范及安全保障体系建设

信息安全体系是贯穿智慧校园总体框架各层面的安全保障系统，智慧校园的信息安全保障包括物理安全、网络安全、主机安全、应用安全和数据安全，智慧校园安全体系不低于《信息系统安全等级保护定级指南》（GB/T 22240—2008）规定的三级要求。

4.6.5.1 组织保障

A 成立领导小组

成立包括教育信息化领导小组、智慧校园建设领导小组，负责组织智慧校园规划、建设、应用等工作。

B 成立智慧校园建设专家委员会

在智慧校园建设领导小组下设立智慧校园建设专家委员会，为智慧校园建设提供智力支持。

C 组建智慧校园建设人才队伍

配齐配足学校教育信息化专门机构工作人员，并在重要职能部门或学校设立专职岗位，以满足智慧校园建设所需的信息化技术人才队伍。

4.6.5.2 机制保障

A 制定智慧校园建设规划

制定智慧校园建设规划。统一设计、科学布局、合理实施智慧校园建设。

B 制定智慧校园建设管理制度

制定智慧校园建设相关的管理制度，以确保智慧校园建设的各个环节能顺利实施，达到智慧校园规划的要求。

C 发挥决策机制作用

定期召开教育信息化领导小组会或智慧校园建设领导小组会，领导小组要对学校信息化建设情况总体把控，对智慧校园建设中的重大事项进行充分论证，作出科学决策，确保智慧校园建设符合学校自身发展需要。

D 建立资金保障体系

设立统筹的教育信息化专项资金并纳入学校年度预算，做好教育信息化经费保障，建立长效投入机制。

E 建立考核激励机制

将教育信息化工作纳入学校年度考核，建立灵活有效的考核激励机制，促进信息化研发成果的转化应用。

F 加强人员培训

定期培训教育信息化管理队伍和技术队伍，提升技术人员业务水平，定期培训学校师生用户，提升师生信息化应用能力。

4.6.5.3 安全保障

A 物理安全

保证信息系统设备的物理安全应具有成套的电力保障和不间断电源设备，良好的消防灭火措施、监控及门禁等，机房防雷、防盗、防尘、防静电符合《电子计算机场地通用规范》(GB/T 2887)和《计算机场地安全要求》(GB/T 9361)。

B 网络安全

建设多区域应用级出口防火墙和服务器区多层防火墙，对系统进行3~7层隔离保护；建设综合备份一体机设备，可实现重要系统的自动备份及快速恢复；建设流量控制系统，增强流量控制技术及恶意攻击检测技术，可有效防止对内对外的大数据量攻击。对接公安系统，实现数据流实时监控，随时掌握数据安全情况，并对访问行为记录在案。

C 系统安全

各信息设备及信息系统建立严格的管理维护制度，明确管理职责，责任落实到人。建立定期巡查机制，有专人对设备及系统进行定期巡查，记录安全情况；建立数据安全备份机制，重要数据每日自动异地备份，业务系统要有数据级别备份和整机备份，并制定有数据/系统恢复手册。建立日常安全监测预警机制，定期对服务器系统进行安全扫描，并形成安全报表；建立应急预案，对安全问题进行分级处理；专业技术人员要定期组织培训及应急演练，提高安全防范能力。

D 内容安全

对网络舆情进行有效监测和及时处理，落实国家相关信息系统安全等级保护制度，完善上网行为管理技术措施。

E 异地灾备

构建异地灾备系统。构建一套或者多套相同的应用或者数据库，起到灾难后可立刻接管系统的作用。

5　智慧校园发展未来展望

2010年，浙江大学在其信息化“十二五”规划中提出“智慧校园”理念，2018年6月7日，国家市场监督管理总局中国国家标准化管理委员会公布了国家标准文件《智慧校园总体框架》（GBT 36342—2018）。智慧校园从理念的提出到现在，近十年的时间。在政府和各级教育主管部门的大力推动下，大数据、物联网、云计算、人工智能、虚拟化等新技术在教育领域得到了广泛应用。政府提倡的“互联网+教育”是互联网科技与教育领域相结合的一种新的教育形式，建设智慧校园已经成为校园信息化建设的必然发展趋势。

当前发展智慧校园已经成为了国际教育信息化发展的新方向和全球教育发展的新趋势，世界上许多国家已将智慧校园建设作为其未来教育发展的重大战略。就我国看来，受益于国家政策的支持以及市场环境的推动，智慧校园建设已经获得了较大发展，未来也将会迎来更加快速的发展时期。

虽然我国教育信息化建设与应用取得了一定的成绩，但就目前各级各类学校校园信息化发展状况看，离设想中的“智慧校园”还存在很大差距，且不同学校之间的基础设施建设、技术人才、资金投入、业务需求等千差万别，在我国很难在短时间内实现全面的智慧校园。因此，我们可以继承数字化校园建设经验，先在高校、有能力的职业院校和中小学校建设智慧校园，把建设得好的、有特色的学校作示范推广，以此带动其他学校智慧校园建设，达到好快省的目的。

随着“数字化校园”建设向“智慧校园”建设升级发展，未来的教育信息化必将围绕“智慧”“智能”“大资源”“大共享”方向发展。

参考文献

[1] 教育部．国家中长期教育改革和发展规划纲要（2010—2020 年）[EB/OL]. http：//old. moe. gov. cn/publicfiles/business/htmlfiles/moe/info _ list/201407/xxgk_171904. html？ authkey = gwbux.

[2] 教育部．教育部发布《教育信息化十年发展规划（2011—2020 年）》[EB/OL]. http：//www. moe. gov. cn/s78/A16/s5886/xtp_left/s5889/201204/t20120416_134096. html.

[3] 教育部．关于印发下一代互联网“十二五”发展建设的意见的通知［EB/OL]. http：//www. moe. gov. cn/jyb _ xxgk/moe _ 1777/moe _ 1779/201204/t20120406_133697. html.

[4] 教育部．教育部关于加快推进职业教育信息化发展的意见［EB/OL]. http：//www. moe. gov. cn/srcsite/A07/zcs_zhgg/201205/t20120504_136506. html.

[5] 教育部．教育部办公厅关于印发《2014 年教育信息化工作要点》的通知［EB/OL]. http：//www. moe. gov. cn/srcsite/A16/s7062/201403/t20140314 _ 165870. html.

[6] 中国教育信息化网．中央电化教育馆 2014 年教育资源开发、应用和服务重点工作［EB/OL]. http：//www. ict. edu. cn/news/n2/n20140318_9389. shtml.

[7] 教育部．教育部关于发布《职业院校数字校园建设规范》的通知［EB/OL]. http：//www. moe. gov. cn/srcsite/A07/zcs_zhgg/201501/t20150119_189492. html.

[8] 教育部．教育部关于加快推进职业教育信息化发展的意见［EB/OL]. http：//www. moe. gov. cn/srcsite/A07/zcs_zhgg/201205/t20120504_136506. html.

[9] 教育部．教育部关于印发《教育信息化“十三五”规划》的通知[EB/OL]. http：//www. moe. gov. cn/srcsite/A16/s3342/201606/t20160622_269367. html.

[10] 教育部．教育部办公厅关于印发《2017 年教育信息化工作要点》的通知［EB/OL]. http：//www. moe. gov. cn/srcsite/A16/s3342/201702/t20170221 _ 296857. html.

[11] 教育部．教育部办公厅关于印发《2018 年教育信息化和网络安全工作要点》的通知［EB/OL］．http：//www. moe. gov. cn/srcsite/A16/s3342/201803/t20180313_329823. html.

[12] 教育部．教育部等五部门关于印发《教师教育振兴行动计划（2018—2022 年）》的通知［EB/OL］．http：//www. moe. gov. cn/srcsite/A10/s7034/201803/t20180323_331063. html.

[13] 教育部．教育部关于印发《教育信息化 2.0 行动计划》的通知［EB/OL］．http：//www. moe. gov. cn/srcsite/A16/s3342/201804/t20180425_334188. html.

[14] 搜狐网．国标（GB/T 36342—2018）智慧校园总体框架（附全文下载）［EB/OL］. https：//www. sohu. com/a/241238400_654086.

[15] 教育部．教育部办公厅关于印发《2019 年教育信息化和网络安全工作要点》的通知［EB/OL］. http：//www. moe. gov. cn/srcsite/A16/s3342/201903/t20190312_373147. html.

[16] 百度百科．教育信息化［EB/OL］. https：//baike. baidu. com/item/%E6%95%99%E8%82%B2%E4%BF%A1%E6%81%AF%E5%8C%96/808779.

[17] 教育部．教育部关于印发《教育信息化 2.0 行动计划》的通知［EB/OL］．http：//www. moe. gov. cn/srcsite/A16/s3342/201804/t20180425_334188. html.

[18] 教育部．2018 年 12 月教育信息化和网络安全工作月报［EB/OL］．http：//www. moe. gov. cn/s78/A16/s5886/s6381/201901/t20190125_368123. html.

[19] 杜婧敏，方海光，李维杨，等．教育大数据研究综述［J］．中国教育信息化，2016（19）：1~4.

[20] 中国新闻网．教育部：2018 年全国共有各级各类学校 51.89 万所［EB/OL］. http：//www. chinanews. com/gn/2019/02-26/8764843. shtml.

[21] 搜狐网．2017 年，教育大数据发展得怎么样了？［EB/OL］. https：//www. sohu. com/a/211531722_287574.

[22] 教育部．2019 年 6 月教育信息化和网络安全工作月报［EB/OL］. http：//www. moe. gov. cn/s78/A16/s5886/s6381/201908/t20190812_394220. html.

[23] MBA 智库百科．数字化校园［EB/OL］. https：//wiki. mbalib. com/wiki/ %

E6%95%B0%E5%AD%97%E5%8C%96%E6%A0%A1%E5%9B%AD.

[24] 百度百科．数字化校园 [EB/OL]. https://baike.baidu.com/item/%E6%95%B0%E5%AD%97%E5%8C%96%E6%A0%A1%E5%9B%AD/8644941?fr=aladdin.

[25] 百度文库．智慧校园发展背景、规划内容以及解决方案分析 [EB/OL]. https://wenku.baidu.com/view/5fdd097411a6f524ccbff121dd36a32d7375c7f2.html.

[26] 王运武，于长虹．智慧校园——实现智慧教育的必由之路 [M]. 北京：电子工业出版社，2016.

[27] 百度百科．智慧校园 [EB/OL]. https://baike.baidu.com/item/%E6%99%BA%E6%85%A7%E6%A0%A1%E5%9B%AD/9845341?fr=aladdin.

[28] 个人图书馆．智慧校园的八大特征 [EB/OL]. http://www.360doc.com/content/18/0413/19/11646305_745388165.shtml.

[29] 刘晓洪，殷开明．基于数字校园建设成果促进高职教育改革研究 [J]. 教育，2017 (3)：60.

[30] 搜狐网．智慧校园与数字校园的区别是什么？[EB/OL]. https://www.sohu.com/a/168895994_801989.

[31] 搜狐网．智慧校园的建设理念和思路 [EB/OL]. http://www.sohu.com/a/259778512_734486.

[32] 中华人民共和国中央人民政府．2022 年所有学校接入互联网！国务院大力推进“互联网+教育”，鼓励各类主体发展在线教育 [EB/OL]. http://www.gov.cn/xinwen/2019-08/29/content_5425524.htm.

[33] 杨红云，雷体南．智慧教育：物联网之教育应用 [M]. 北京：华文出版社，2016.

[34] MBA 智库百科．感知智能 [EB/OL]. https://wiki.mbalib.com/wiki/%E6%84%9F%E7%9F%A5%E6%99%BA%E8%83%BD.

[35] 百度百科．计算资源 [EB/OL]. https://baike.baidu.com/item/%E8%AE%A1%E7%AE%97%E8%B5%84%E6%BA%90/19140081?fr=aladdin.

[36] 百度百科．公有云［EB/OL］. https：//baike. baidu. com/item/%E5%85%AC%E6%9C%89%E4%BA%91/7845590？fr=aladdin.

[37] 百度百科．数据抽取［EB/OL］. https：//baike. baidu. com/item/%E6%95%B0%E6%8D%AE%E6%8A%BD%E5%8F%96/218221？fr=aladdin.

[38] 百度百科．数据处理［EB/OL］. https：//baike. baidu. com/item/%E6%95%B0%E6%8D%AE%E5%A4%84%E7%90%86/944504？fr=aladdin.

[39] 沈洁，黄宇星．智慧校园及其构建初探［J］. 福建教育学院学报，2011(6)：122~125.

[40] 宁夏教育资源公共服务平台．福建省教育厅制定《福建省中小学智慧校园建设标准》［EB/OL］. https：//www. nxeduyun. com/detail？ctid = 297eff545bf615ea015e5bd6bd1905a9&siteid=746cf82343c14c74923006152fd3b11b.

[41] 谢立靖．教育信息化背景下智慧校园的关键技术应用［J］. 电脑知识与技术，2016（11）：139~140.

[42] 张贤德．基于 Spark 平台的实时流计算推荐系统的研究与实现［D］. 江苏：江苏大学，2016.

[43] GB/T 36342—2018 智慧校园总体框架［S］.

[44] 中国教育信息化网．“互联网+”背景下高校智慧校园技术系统建设框架设计［EB/OL］. http：//www. ict. edu. cn/ebooks/b1/text/n20171118_15817_4. shtml.

[45] 朱燕．云环境下智慧教室的建设研究［J］. 无线互联科技，2017（19）：100~101.

[46] 教育部．职业院校数字校园建设规范［EB/OL］. http：//www. moe. gov. cn/srcsite/A07/zcs_zhgg/201501/t20150119_189492. html.

[47] 刘邦奇，孙曙辉．“互联网+”背景下高校智慧校园技术系统建设框架设计［J］. 中国教育信息化，2017（21）：61~66.

[48] 百度文库．教育热点：什么是教育大数据？［EB/OL］. https：//wenku. baidu. com/view/1455bb6d30126edb6f1aff00bed5b9f3f90f72ed. html.

[49] 杜亮亮．技术推动下高等教育的变革与创新——2017《美国国家教育技术计划》（高等教育版）解读及启示［J］．数字教育，2018（3）：87~92.

[50] 甘容辉，袁智秦，何高大．国外智慧校园建设的最新发展及启示［J］．现代教育技术，2019（2）：19~24.

附表　智慧校园建设相关政策文件一览表

发布年份	发布部门	文件名称	内容摘抄
2010	国务院	《国家中长期教育改革和发展规划纲要（2010—2020年）》	加快教育信息基础设施建设。信息技术对教育发展具有革命性影响，必须予以高度重视。把教育信息化纳入国家信息化发展整体战略，超前部署教育信息网络。到2020年，基本建成覆盖城乡各级各类学校的教育信息化体系，促进教育内容、教学手段和方法现代化；加强优质教育资源开发与应用。加强网络教学资源体系建设。引进国际优质数字化教学资源。开发网络学习课程。建立数字图书馆和虚拟实验室。建立开放灵活的教育资源公共服务平台，促进优质教育资源普及共享
2012	教育部	《教育信息化十年发展规划（2011—2020年）》	推进信息技术与教学融合。建设智能化教学环境，提供优质数字教育资源和软件工具；建设并不断更新满足各级各类教育需求的优质数字资源，开发深度融入学科教学的课件素材、制作工具，完善各种资源库，建设优质网络课程和实验系统、虚拟实验室等，促进智能化的网络资源与人力资源结合

续附表

发布年份	发布部门	文件名称	内容摘抄
2012	国家发改委、教育部、科技部、中科院、中国工程院、国家自然科学基金会	《下一代互联网“十二五”发展建设的意见》	在现有互联网基础上进行创新，发展地址资源足够丰富、设施先进、节能泛在、安全可信的下一代互联网，提供更大信息量和多样化的业务应用，更智能地支持人与人、人与物、物与物的相互联通
2012	教育部	《关于加快推进职业教育信息化发展的意见》	加大以信息技术改造传统专业的力度，推动信息技术与生产技术的融合，及时更新教学内容，着力办好电子商务、会计电算化、工业设计（CAD）、现代物流、智能楼宇、物联网及移动互联网应用等，与信息技术结合紧密
2012	教育部	《关于公布第一批教育信息化试点单位的通知》	中小学试点强调侧重信息技术与教育教学深度融合模式、数字化校园建设机制与应用模式、优质资源应用模式、信息技术促进教育教学模式创新等方面进行探索；职业院校试点强调侧重信息化环境下校企合作新型教学模式、网络学习空间应用模式、仿真实训资源应用模式、数字化校园建设机制与应用模式等方面进行探索；本科院校试点强调侧重信息技术创新人才培养模式、智慧校园建设机制、信息化条件下教育教学模式改革等方面进行探索
2013	中央电教馆	《国家教育资源公共服务平台规模化应用试点实施方案》	实现“资源班班通”和“空间人人通”，推动信息技术与教育教学的深度融合，形成网络条件下新型的教学方法和模式

续附表

发布年份	发布部门	文件名称	内容摘抄
2013	教育部 财政部 人力资源社会保障部	《关于进一步加强教育管理信息化工作的通知》	“十二五”期间教育管理信息化的工作重点是建设覆盖全国学前教育、中小学教育、中等和高等职业教育（含技工院校）、高等教育的学生、教师、经费、资产及办学条件等管理信息系统和数据库，实现学生、教师、学校基本业务和日常管理信息化，基本建成国家教育管理公共服务平台，为重大项目实施提供监管和支撑
2014	教育部	《2014 年教育信息化工作要点》	加快缩小区域、城乡、校际间信息化基础设施差距，充分发挥骨干企业和学校、教师的作用，探索建立系统推进基础性资源和个性化资源开发应用的新模式。推进国家开放大学智慧校园建设，实现教学楼无线网络覆盖
2014	中央电教馆	《2014 年教育资源开发、应用和服务重点工作》	开发数字教育资源信息智能导航系统，提供各级各类教育资源信息智能导航服务。配合数字教育资源信息智能导航系统，加大优质教育资源集中展示力度，提升常态化展示能力
2015	教育部	《职业院校数字校园建设规范》	数字校园是指以网络为基础，利用信息技术将学校的主要信息资源数字化，并实现网络化的信息产生、管理、传播和使用方式，从而形成信息化、智能化的校园环境；虚拟仿真实训基地的建设要设计智能化考试考核平台

续附表

发布年份	发布部门	文件名称	内容摘抄
2015	教育部	《关于开展2015年国家级虚拟仿真实验教学中心建设工作的通知》	虚拟仿真实验教学依托虚拟现实、多媒体、人机交互、数据库和网络通信等技术，构建高度仿真的虚拟实验环境和实验对象，学生在虚拟环境中开展实验，达到教学大纲所要求的教学目的
2015	教育部	《关于深化职业教育教学改革全面提高人才培养质量的若干意见》	要注重传统产业相关专业改革和建设，服务传统产业向高端化、低碳化、智能化发展。要围绕“互联网+”行动、《中国制造2025》等要求，适应新技术、新模式、新业态发展实际，既要积极发展新兴产业相关专业，又要避免盲目建设、重复建设
2015	教育部	《职业院校管理水平提升行动计划（2015—2018年）》	职业院校管理状态“大数据”初步建成，学校人才培养工作的自我诊断、反馈、改进机制基本形成，政府、行业、企业及社会等多方参与学校评价的机制更加健全，职业院校教育质量年度报告制度逐步完善
2015	国务院	《促进大数据发展行动纲要》	完善教育管理公共服务平台，推动教育基础数据的伴随式收集和全国互通共享。探索发挥大数据对变革教育方式、促进教育公平、提升教育质量的支撑作用。培育高端智能、新兴繁荣的产业发展新生态。推动大数据与云计算、物联网、移动互联网等新一代信息技术融合发展

续附表

发布年份	发布部门	文件名称	内容摘抄
2015	教育部	《关于“十三五”期间　全面深入推进教育信息化工作的指导意见（征求意见稿）》	到2020年，基本建成“人人皆学、处处能学、时时可学”，与国家教育现代化发展目标相适应的教育信息化体系；要明确政府在教育信息化经费投入中的主体作用，统筹推进实施教育信息化和“互联网+”、信息惠民、智慧城市建设等工作
2015	国务院	国务院关于积极推进“互联网+”行动的指导意见	固定宽带网络、新一代移动通信网和下一代互联网加快发展，物联网、云计算等新型基础设施更加完备。人工智能等技术及其产业化能力显著增强。探索新型教育服务供给方式。鼓励学校利用数字教育资源及教育服务平台，逐步探索网络化教育新模式，扩大优质教育资源覆盖面，促进教育公平。鼓励学校通过与互联网企业合作等方式，对接线上线下教育资源，探索基础教育、职业教育等教育公共服务提供新方式。推动开展学历教育在线课程资源共享，推广大规模在线开放课程等网络学习模式，探索建立网络学习学分认定与学分转换等制度，加快推动高等教育服务模式变革
2016	教育部	《教育信息化“十三五”规划》	教育信息化要更好地服务国家重大需求，在“一带一路”、“互联网+”、大数据、信息惠民、智慧城市、精准扶贫等国家重大战略中发挥作用。“互联网+”行动计划、促进大数据发展行动纲要等有关政策密集出台，信息化已成为国家战略，教育信息化正迎来重大历史发展机遇

续附表

发布年份	发布部门	文件名称	内容摘抄
2017	国务院	《国家教育事业发展“十三五”规划》	从国际环境看，国际竞争日趋激烈，新一轮科技革命和产业变革蓄势待发，互联网、云计算、大数据、智能机器人、三维（3D）打印等现代技术深刻改变着人类的思维、生产、生活、学习方式，人才培养与争夺成为焦点
2017	教育部	《2017 年教育信息化工作要点》	推动数字校园和智慧校园建设。发布中小学数字校园建设规范，继续开展中小学百所数字校园示范校项目。充分发挥地方与学校积极性与主动性，引导各级各类学校开展数字校园、智慧校园建设与应用。国家开放大学完成 100 间云教室建设，实现对中西部基层县级电大的全覆盖。启动基于 VR 的实验实训平台建设，完成“互联网+”智慧教育示范基地建设
2017	教育部	《关于 2017—2020 年开展示范性虚拟仿真实验教学项目建设的通知》	建设示范性虚拟仿真实验教学项目，推动高校积极探索线上线下教学相结合的个性化、智能化、泛在化实验教学新模式；虚拟仿真实验教学项目的研发要以完成教学要求和内容为目标，综合应用多媒体、大数据、三维建模、人工智能、人机交互、传感器、超级计算、虚拟现实、增强现实、云计算等网络化、数字化、智能化技术手段，提高实验教学项目的吸引力和教学有效度

续附表

发布年份	发布部门	文件名称	内容摘抄
2017	教育部	《关于进一步推进职业教育信息化发展的指导意见》	加大云计算、大数据、物联网、虚拟现实/增强现实、人工智能等新技术的应用，体现产教融合、校企合作、工学结合、知行合一等职业教育特色
2018	教育部	《2018年教育信息化和网络安全工作要点》	引导数字校园和智慧校园建设。充分发挥地方与学校的积极性与主动性，引导各级各类学校结合实际特色发展，开展数字校园、智慧校园建设与应用。实施智慧教育创新引领行动，支持在雄安新区等若干地方积极、条件具备的地区设立“智慧教育示范区”；推动大数据、虚拟现实、人工智能等新技术在教育教学中的深入应用
2018	教育部	《教师教育振兴行动计划（2018—2022年）》	开展‘互联网+教师教育’创新行动。充分利用云计算、大数据、虚拟现实、人工智能等新技术，推进教师教育信息化教学服务平台建设和应用，推动以自主、合作、探究为主要特征的教学方式变革
2018	教育部	《教育信息化2.0行动计划》	智慧教育创新发展行动。以人工智能、大数据、物联网等新兴技术为基础，依托各类智能设备及网络，积极开展智慧教育创新研究和示范，推动新技术支持下教育的模式变革和生态重构。展智慧教育创新示范。构建智慧学习支持环境
2018	国家市场监督管理总局	《智慧校园总体架构》	明确部署智慧校园的总体架构、实现智慧教学环境、构建智慧教学资源、部署智慧教学管理系统、构建智慧教学服务

续附表

发布年份	发布部门	文件名称	内容摘抄
2018	教育部	《开展国家虚拟仿真实验教学项目建设工作》	推进现代信息技术融入实验教学项目、拓展实验教学内容广度和深度、延伸实验教学时间和空间、提升实验教学质量和水平
2018	教育部 财政部 国家发改委	《关于高等学校加快“双一流”建设的指导意见》	推动信息技术、智能技术与教育教学深度融合，构建“互联网+”条件下的人才培养新模式，推进信息化实践教学，充分利用现代信息技术实现优质教学资源开放共享，全面提升师生信息素养
2018	教育部	《关于加强网络学习空间建设与应用的指导意见》	引导区域内外优秀教师以及来自高校、科研院所、企业等优秀人才利用空间提供智力服务，打破教师利用空间在区域内、校际间进行智力服务的壁垒，探索建立“互联网+”环境下的教师管理制度。加快学生智能学习终端的普及，有效保证学生空间的平等使用
2019	教育部	《2019年教育信息化和网络安全工作要点》	加强教育部网络安全和信息化领导小组的统筹领导，深入实施《教育信息化2.0行动计划》，印发加强“三个课堂”应用的指导意见，编制《中国智能教育发展方案》，举办国际人工智能与教育大会；实施智慧教育创新发展行动，设立5个以上“智慧教育示范区”；推动在中小学阶段设置人工智能相关课程，逐步推广编程教育；推动大数据、虚拟现实、人工智能等新技术在教育教学中的深入应用